斷——斷絕不必要之物。
捨——捨棄多餘之物。
離——脫離對物質的執著。

斷捨離
心海羅盤

林郁　主編

斷捨離‧心海羅盤

近年來，日本掀起一股極簡生活型態的熱潮，叫「斷捨離」。這是一種（人與物品）減法概念的生活整理術；也就是說我們可以透過整理物品了解自己。繼而，也可以將心中的混亂雜質一併清除乾淨，之後才能享受自在的人生。

其實「斷捨離」不僅是用於物品整理方面，也適用於人生的整理術，包括對於親情、友情、愛情以及事業方面的多元思考……

《斷捨離心海羅盤》是一部品味人生的哲理書。雖以佛的智慧說，卻沒有三句不離本行的教諭與訓示，它是以聊天方式將世間百態的「因緣關係」和您侃侃而談，讓您的心靈產生反思，而對人生智慧有更進一步的認知。

若人生是一個旅程，那麼無論是繁華或是寂寥，也都是一場過眼雲煙，留下來的只是看風景的心情——在佛家所謂「修行」就是要改變人心，也就說修行就是修心，修心就是修智慧！

一個人如果與佛有接觸，他的人生就會開始產生一些變化，最後會逐漸擴大，產生善的碩果，成為內心豐盈的人。之後，就能排除生活周遭的不安氣息與內心的躁動，這也是人間哲理中的「斷‧捨‧離」！

小引

佛在二千五百多年以前，由人子悟道成佛的，所以佛不是神之子，佛只是個平凡人之子，因此有人說佛教才是最偉大的人類宗教，因爲人人皆有佛性，人人皆可成佛。

現代人是人類有史以來，所經過的最繁華的時代，也是最浮躁的一個階段，因爲被彼起此落的各種物慾所迷惑，而產生了各類扭曲的價值觀。所以，現代人必須付出更大的心力，去求得心靈安靜的智慧。

有鑒於此，人們在研究經濟學，也著重於社會人際學，終於發現佛教的精神對現代社會的現代人，有著莫大的裨益與幫助。

緣於此，佛不但在東方持續興盛，在西方也引起了相當的注目，處處都有佛學的講座以及禪修的道場。可見佛法的發揚光大，除了它具有獨特的人生哲理與智慧之外，最重要的是還經得起時間長河的千錘百鍊，永遠向前奔騰……

CONTENTS

第三章 以佛心修因果心——前世因緣，今生果報

第四章 以佛心修包容心——吞納萬象，寸心乾坤

第五章 以佛心修自在心——往來坐臥，禪影相隨

第六章 以佛心修忍辱心——忍是洞天，辱為福地

卷首語

大千世界，如夢似幻。
斗轉星移，光搖影亂。
我睜大好奇的雙眼，將這世界認真窺探。
為什麼世界總難兩全？
為什麼聚合又要離散？
為什麼惡人也能命長？
為什麼好人總會遭殃？
為什麼惡夢難醒、好夢難圓？
為什麼幸福總伴隨著苦難？
難道這一切都是人生的無奈、命運的必然？

什麼是命運？你了解自己的命運嗎？你認為命運由誰來掌管？一個人一生下來，是不是命運就被上天安排好了？緣分是什麼？一個人一生中所有遭遇的事情，是不是都

是命中注定的？看手相真能算得準命嗎？看面相真能算得準命嗎？算八字真能算得準命嗎？周易八卦的確能算得準命嗎？佛教的因果報應靈嗎？為什麼許多惡人得不到惡報？……

佛學《三世因果經》講：

欲知過去因，今生受者是。

欲知後世果，今生做者是。

這就是說，一個人在過去種什麼因，今生就得什麼果，今生種什麼因，未來就得什麼果。很明顯，根據因果報應循環規律，人的命運是自己造就的。

我讀書參佛，歲過不惑之年後，才明白一個人要想把人生參透，要想改變命運，要想人生幸福，是很有必要讀一點佛經，知一點佛理的，因為佛法濃縮了幾千年來人類文明傳承的大智慧。而且，人生諸多困惑、煩惱和痛苦，也許正如一代大儒梁漱溟所說：「禪知道答案」。

人在旅途，最累莫過於奔命、最怕莫過於茫然若失、最苦莫過於苦海無邊。故而，我們需要學會去調整、去謀劃、去經營、去感悟，用從容的心去欣賞人生路上的風景。

也許，當你逐頁閱讀本卷時，你會感悟到：有一顆因果心，你會更積善；有一顆平常心，你會更從容；有一顆超脫心，你會更豁達；有一顆忍辱心，你會更逢源；有一顆包容心，你會更廣博；有一顆修行心，你會更智慧。君子無本，心想內求，享清福，結善緣，明心見性，功德圓滿。

願我們同修共勉，讀佛經，知佛理，用佛法，為創建和諧文明的社會、和諧文明的地球而改變自己，從而成就自己圓滿通融的人生。

——葉舟

第一章

以佛心修清靜心

——禪茶一味，凡聖一界

1 長樂我淨，佛性本來清靜

要建造一間巨大的房屋，必須要開闢門窗，以便光線空氣的流通。這樣才能住人而養人，使人胸襟開闊，內外暢達而無阻礙。由此而說明「滌除玄覽，能無疵乎」的修習心智功夫，必須要開張靈明，靜居其中，見聞不隔而清淨無爲。

人生最大的福氣是清福。不曉得您現在是否還這樣認爲？

佛教福報當中，尤其難得的叫「清福」。靜心大師是一個佛教徒，所以他宣揚「清福」。如果我們能夠理解清福、明瞭清福、享受清福，那這個福報眞的是無量無邊，智慧也一定是隨著增長。南懷瑾先生有一篇短文《清福最難》，講的是「清福」的眞正涵義。全文如下：

講一個故事給大家聽，明朝有一個人，每天半夜跪在庭院燒香拜天。這是中國的宗教——拜天，反正佛在天上，神、關公、觀世音……都在天上。管他西天、東天、南天、北天，都是天，所以他拜天，最划得來，只要一炷香，每一個都拜到了。這人拜了

三十年，非常誠懇。

有一夜感動了一位天神，站在他面前，一身發光發亮。還好，他沒有被嚇倒，這個天神說：你天天夜裏拜天，很誠懇，你要求什麼？快講，我馬上要走。這個人想了一會兒，說：我什麼都不求，只想一輩子有飯吃，有衣服穿，不會窮，多幾個錢可以遊山玩水，沒有疼痛，無疾而終。這個天神聽了說：哎喲，你求的這個，此乃上界神仙之福；你求人世間的功名富貴，要官做得大，財發得多，都可以答應你，但是上界神仙之清福，我沒法子給你。

要說一個人一生不愁吃，不愁穿，有錢用，世界上好地方都逛遍，誰做得到呢？地位高了，忙得連聽《金剛經》都沒有時間，他哪裡有這個清福呢？所以，清福最難。涅槃翻譯成寂滅，雖然包含了清福的道理，但是一般人不大容易接受。實際上，涅槃是一種境界，就是「長樂我淨」的境界，是一個極樂的世界。那才是「我」，我們生命真正的「我」。

清福是樸素之福，閒適之福，淡雅之福，平常之福。然而正如作者所言，「要說一個人一生不愁吃，不愁穿，有錢用，世界上好地方都逛遍，誰做得到呢？」

清朝的慎郡王胤禧很會做詩，他曾經做過一首樵歌，道：

「不聞人聲，但聞斧聲，寂寂岩馨答，丁丁飛鳥驚。得柴換酒，醉歸踏月山歌清，友木石，無衰榮，白雲流水自朝暮，萬山漠漠煙光青。」

「得柴換酒，醉歸踏月山歌清；友木石，無衰榮。」這是清福，是許多吃肉朋友所豔羨的。胤禧身爲郡王，卻很愛風雅，一任他的哥哥胤禛——雍正去過皇帝癮，猜忌、禁壓、殺戮；而他卻遊山玩水，吟詩作畫，大做其春浮居士。

他要享受清福。而且還把這清福賞給了「友木石，無衰榮」的樵夫。「得柴換酒，醉歸踏月」，福氣的確很好，不過這只表現了才子們的閒情逸致。事實上，靠著兩條胳膊、一柄板斧，天天在山上砍柴的樵夫，是並不懂得的。他們只知道得柴換米，饑歸踏月。但倘要這樣說，這就不能算是清福，反倒有點像是清苦了。

清福難享了，這是一種哲理。正因爲難以享清福，因此也就只好降低「福」的標準了。幸福在不同人的眼裏標準是不同的，人與人是不可比的，也是無法相比的。不管別人怎麼看，只要自己擁有一個率眞的快樂心靈、知足的心態就是擁有一個幸福的世界。雖然沒有多少金錢，沒有任何權勢，沒有多大聲名，但在踏踏實實地過日子，努力做到擁有平凡寧靜而豐富的生活心態，爭取每天的日子都能在快樂中度過，這就是享清福。

佛祖說：知足的人，即使睡在地上，仍然安寧快樂；不知足的人，即使處在天堂，也不滿意。

爲什麼呢？如果一個人打算不滿意，就沒有什麼能讓他滿意。因爲他總能找到不滿意的地方。好比童話故事裏的那位公主，床上鋪了十幾條柔軟的被子，不過是被底下放了一顆豌豆而已，她就被磕得整夜睡不著覺。固然是因爲她的皮膚柔嫩，也是不知足的毛病在作怪。相反，一個知足的農民，勞作之後，躺在草地上，天當被，地當床，也能睡得十分香甜。

享受需要一定的物質基礎，但物質資源再豐富，也不等於得到了享受。至少在睡覺這件事上，富人不一定比窮人能得到更多的享受。在其他方面也是如此。一位美國學者曾進行過一個關於「幸福指數」的調查，他驚奇地發現，美國公民的幸福指數並不比非洲原始族群的居民高。美國是世界上最富有的國家，非洲原始居民的物質條件十分貧乏，後者的幸福指數爲什麼不低於前者呢？恐怕還是知足常樂吧！

佛祖又說：不知足的人，雖然富有卻很貧窮；知足的人，雖然貧窮卻很富有。這好像悖論，其實不然。貧富本無限度，富到郭台銘那種地步，還可以更富；窮到乞丐那種地步，還可以更窮——若是跑到沙漠裏，多喝一滴水都是奢侈，不是更窮嗎？所以，貧富並無絕對，到這個地步覺得富，就是富；覺得窮，就是窮。

有一次，某小鎮上的一位耄耋老人過生日，當地的記者也來向這位壽星祝賀。在採訪中，老人自豪地說道：「我是這兒最富有的人。」

一個稅務員聽說這件事，很是奇怪，因為他從來沒有看過老人繳所得稅。於是，他找上門來，問道：「聽說您是本地最富有的人，真是這樣嗎？」

老人爽朗地回答：「是的。」

稅務員觀察老人的居所，不像很富有的樣子，「您能具體說一說您的財富嗎？」

老人說：「身體健康是我的第一項財富，別看我已經九十多歲了，但能吃能走，身體可不輸給你喔！」

「您還有其他財富嗎？」

「我還有一個賢慧溫柔的妻子，我們在一起生活了六十多年。我還有好幾個聰明孝順的孩子，這兒的人看了都很羨慕。」

「您有銀行存款，或其他有價證券嗎？」

老人十分乾脆地回答：「沒有。」

「您有其他不動產嗎？」

老人的回答仍然是沒有。

稅務員聽了不由肅然起敬。他真誠地說：「老人家，確如您所言，您是我們這個鎮上最富有的人。而且，您的財富誰也拿不走。連政府也沒辦法向您課稅。」

從物質財富多寡來說，這個老人不是最富有的。因爲他有一顆最知足的心，所以他確實是最富有的人。也可以說，他有一顆富人心。

相反，如果有一顆窮人心，哪怕擁有再多財富。也是一個窮人。

有一個善生長者，偶爾得到了世間最稀有、最寶貴的旃檀香木做的金色盒子，價值連城。他當眾宣布：「我要把這個寶物，贈送給世間最貧窮的人。」

於是，很多人蜂擁而來，他們中有乞丐、殘障、孤兒和鰥寡老人。他們紛紛訴說自己的苦楚，以證明自己才是最貧窮的人。但長者對他們每一個人的答覆都是——「你不是世間最貧窮的人！」

大家就奇怪了：全國最貧窮的人都在這裏，難道哪兒還有更貧窮的人嗎？長者說：「我告訴你們，我們的國王才是世間最貧窮的人。」

這個消息很快傳到波斯國王耳裏，他非常生氣，「去把那個人給我找來！」

長者很快被帶到波斯國王面前。波斯國王把他領到收藏珍寶的庫房裏，打開一扇門，指著黃橙橙的金子問：「你知道這是什麼地方嗎？」

長者說：「這是存放黃金的金庫。」

波斯國王又打開一扇門，指著白燦燦的銀子問：「你知道這是什麼地方嗎？」

「這是存放銀子的銀庫。」

波斯國王又打開一扇門，指著裏面光閃閃的寶石問：「這又是什麼地方呢？」

「這是存放珠寶的寶庫。」

波斯國王大聲責問：「我的黃金、白銀和珠寶堆滿了屋子，你卻散佈謠言，說我是世間最貧窮的人！」

長者笑道：「陛下，您是掌管天下的人，不是一個庫房小吏，何必向我炫耀這些珠寶呢？國家的興衰是您的家業，人民的貧富是您的衣裳，百姓的毀譽是您的臉面。您的庫房裏堆滿了黃金、白銀和珠寶，可我曾見過成千上萬的乞丐、殘障、孤兒和鰥寡老人，他們得不到救濟，窮困潦倒，生活在生死線上。他們對生活的抱怨，證明這個國家的國王是一個衣衫襤褸、滿臉污穢的人。您能說自己不是世間最貧窮的人嗎？」

波斯國王聽了低下頭，滿臉慚愧地說：「您說得對。我確實是世間最貧窮的人！」他當即下令制訂救濟政策，並打開自己的寶庫，去賑濟那些貧弱的人。全國上下，無不稱道國王英明。

一個人如果以佔有盡可能多的財富爲滿足，那麼，無論他的財富有多少，他都是一個十足的窮人。財富的最大價值是投資於正當事業，以創造更大的社會價值，並借此實現自己的人生價值。懂得這個道理的人，賺錢只是他的一項工作、一種修煉、一場遊戲，他能從中得到最大的滿足和最愉快的心靈體驗。這樣的人才是眞正的富人。

2 動是煩惱根，一動不如一靜

人世間的是非紛爭也是愈動而愈有各種不同方面的發展，並無一個絕對的標準。「才有是非，紛然失心。」只有心中虛靈常住，不落在有無、虛實的任何一面，自然可以不致屈曲一邊，了了常明，洞然燭照。

人生的一切，看《易經》只有四個角度：吉凶悔吝。這吉凶悔吝怎麼來的？《易經》中有兩句話：「吉凶悔吝者，生手動者也。」

人生的一切，任何一件事，一動就有好有壞。再說任何一動，壞的成分四之三種，好的成分只四之一種，所以中國人的老話，一動不如一靜。凡事一動，吉的成分只有四分之一，壞的成分有四分之三，不過這三分當中，兩分是煩惱、險阻、艱難，如此而已。這把宇宙的道理、人生的道理、事業的道理都說清了，所以儒家就知道愼於動。動

就是變革，變更一個東西，譬如創業，譬如新造，這個動不是不可以，但需要智慧，需要做愼重的考慮。所以中國有句古話：一動不如一靜。因爲——「人世間的是非紛爭，也是愈動而愈有各種不同方面的發展，並無一個絕對的標準。」

據宋．張端義《貴耳集》卷上記載：南宋孝宗皇帝一日到天竺和靈隱禮佛，經過飛來峰，問陪同的和尚僧輝：「既是飛來，如何不飛去？」僧輝對道：「一動不如一靜。」一般地說，佛家反對身、口、意因妄動而造業。佛教有「因定發慧」之說。後引用「一動不如一靜」，指不必多此一舉，多一事不如少一事。

古文化街，有一個捏泥人的老頭子，他說出的一句話令人佩服不已。老頭子給一個顧客現場捏泥人像，事先說好了樣式和價錢。老頭子捏得挺好，但是顧客嫌自己的泥人像沒有胳膊。

顧客說：「嗨，老頭兒，這是老子嗎？怎麼沒胳膊！」

老頭子說：「先生，事先說好，捏肖像沒胳膊。」

顧客說：「哎，老子偏要胳膊！」

老頭子說：「先生，多一事不如少一事，肖像加胳膊不好看。」

顧客說：「加胳膊是不是加錢？老子有錢，我還怕花錢！」

老頭子說：「是啊，先生，加一條胳膊，要加五十塊錢。」

顧客說：「那加一條胳膊算嘛？」

老頭子說：「先生，這叫仙人指路。」

顧客說：「哎，加兩條胳膊算嘛？」

老頭子說：「先生，這叫全合人。」

顧客說：「哎，老子要是加三條胳膊吶！」

老頭子看了看他：「先生，這叫手氣太壯。」

顧客說：「哎，老子要是加四條胳膊吶！」

老頭子說：「先生，這叫形影不離。」

顧客說：「哎，老子要是加一千條胳膊吶！」

老頭子笑了：「先生，這叫千手觀音。」

顧客說：「哎，老子要是加一萬條胳膊吶！」

老頭子說：「先生，這叫萬眾一心。」

顧客說：「嘿，你這老頭兒真是問不倒。老子問你，什麼叫多一事不如少一事？」

老頭子說：「先生，捏泥人就像製造東西一樣，多製造一個零件，就多一個損壞的機會。」

顧客說：「哎，你說得很對，老子算服了你了。」

老頭子說：「先生，你要捏幾個胳膊？」

顧客說：「哎，老子不要胳膊了。」

老頭子說：「先生，請付錢吧。」

顧客心滿意足地拿著自己的泥人像走了，老頭子不慍不躁的回答真令人佩服。老頭子笑著對大家說：「諸位！不是我不會捏胳膊，捏肖像要講究乾淨俐落，這樣才能保存很長時間。捏一萬條胳膊，掉了一條怎麼辦？這叫殘兵敗將。」大家哈哈大笑。然而「多一事不如少一事」這句話卻讓人牢記在心。

多一事不如少一事，從做事的角度講，不是不做事，而是做事要講究乾淨俐落。也就是說，我們要從複雜的事務中，找到最本質的東西，而不要把很簡單的東西，搞得極其複雜。然而許多人卻要把很簡單的東西，搞得極其複雜。

多一事不如少一事，從南懷瑾大師上面的話的本質意思來說：「人世間的是非紛爭，也是愈動而愈有各種不同方面的發展……」

3 知止，定靜，能安，能慮，能得

一個定靜的人，他的心必定是安安穩穩的。

定靜，是知識、智慧的獨到涵養，又是理性大度的表現。它使人變得大度、聰穎、坦誠和無私。

這個定，不是坐在那邊入定了，什麼都不知道了叫定；你的心有定置，方向明確了，不動搖了，堅定地走下去了，那這就叫定了，定了以後人就靜下來了。因爲心智確定不斷往前走，近你的本性的時候，人的私欲越來越淡，妄念越來越少，那也就靜下來了。靜以後能安，這個安相當於佛家的大定，大定叫安，就是不管你在什麼狀態你都是安的。叫心安理得，你得到了這個理了，心就安了。所以表現出來你能夠隨遇而安。

大學之道，在明明德，在親民，在止於至善。知止而後能定，定而後能靜，靜而後能安，安而後能慮，慮而後能得。人生的一切追求都得從「止」這個字開始。

知止而後能定——

企業的企字，就說明了什麼是企業，就是一群天馬行空的人停止下來，停在某一個

地方，停在某一件事上，停在某一個項目上。人不停，就不會有企業。一般人正是沒有認清這個字。試想，一個人居然靜都靜不下來，還談什麼成功呢，這正如一個人連種子都沒撒播，背著一袋子種子，到處遊走，不知道要撒在何處，那麼，你又怎能指望秋天的收穫呢？如果不止下來，整天遊走在大地上，它能開花結果嗎？它能吸收大地的能量嗎？只有止下來後，它才有可能膨脹自己的欲望，展示自己的生命力。根開展向大地延伸，身子開始向藍天生長，空氣才對你有用，陽光才能對你有用，大地的化學元素，才能爲你所用，才算得上鋪開了你全新的動態人生。

你不要看遊走在大街上行色匆匆的人，他們中間絕大多數人都是沒有止下來的，他們心比天高，總認爲自己將來會怎樣怎樣，他們總相信某個機遇在遠方，他們總在趕路，總在用目光搜尋著一個又一個目標。

其中有一種人，總認爲自己應該做點大事，不應該止於身邊的無聊小事。其實擁有這種想法是完全錯誤的，他不知一個人在任何處境都能有所作爲。一個人錯過了現在，其實他就錯過了一生。許多人後悔二十幾歲、三十幾歲時沒有止於一事，終致萬事蹉跎，一事無成。

一切都可以從手頭的事開始，因爲人生總是條條大道通羅馬的。有的路看起來是小路，但走著走著就上了大道。許多人總是幹一行，怨一行，總瞧不起手頭的工作，從來就沒有想過要在手頭的小事上有所成就。總不知，世上只有小的人物，沒有小的事業、小的生意。有人賣漢堡賣遍了全球，大家最熟悉的麥當勞、肯德基就是；有人賣清潔用品賣向了全球，寶潔公司大家都聽說過；有人賣領帶賣向了全球，如曾憲樟等，這樣的例子數以萬千。

如今，社會如此發達，我們每個行業的起點都很高，每個人都只能在某一個小環節幹出點成績，說白了都只是一個大機器的零件而已。這世上人人都應首先找到自己的位置，而後爲他人付出努力。否則，你就是負向的人生，就是消耗的人生，就是這個社會的負擔。如果這個人是你，那麼，你就是在浪費自己了。

不止不受——

你不止於一處，你就不能接受一切。你在研究如何能夠發財，那麼，你就得聽富翁的傳道授業，你就得分析窮人爲什麼窮。你就有許多內容要聽，要看，要問，你就得接受許許多多與致富相關的內容。你在準備開店，你就會接受有關店面的知識；你就會接受麥當勞店面選址的正確性；你就會驚歎大街上許許多多賺錢的店面開得眞有個性；你就會驚歎別人在店面設計、貨物擺放方面都對顧客的心理做了很深的研究。這是你未開店面時毫不關心的東西。自從你開始找門面起，你就對那條大街有些什麼店，哪條街人氣最旺，哪條馬路不是單行道、馬路中間沒有欄杆，等等都一清二楚、瞭若指掌，這一切都只因爲你止於要開店面，否則，你依然如前，對外在的事物視若無睹、毫不關心。

有許多人在某個方面有驚人的記憶力，而在另一方面卻相當健忘，那是因爲關注的焦點不同。我們走進一個團隊，若想在團隊中留下來，那麼，就得接受團隊的人已有的一切，無論是住居條件、工作環境，還是有些古裏古怪的領導，有各種各樣惡習的員工。你不僅要接受每個人的優點，還得同時接受每個人的缺點。

不止不在——

任何一個止下來的人，他都是在那裏的人。浮萍不生根是由於它不止，所以到處漂泊。青松它止在一個點上，所以早晨看，在那裏，傍晚看，它還在那裏。

我雖然學了廚師的手藝，但我總瞧不起手頭這份苦力。正因爲有了這種不安的心態，我的心總是不在工作上。我總是將菜炒糊了，或者鹽放多了，火太大了。這都因爲我有一顆搖擺不定的心。

總之，人只有止了，才能定，才能安，才能慮，才能得。止爲總發源，止不下來，一切一切都沒有基礎。不止，是一種無果人生；不止，是一種虛幻人生；不止，是一種失敗人生！

止雖一個字，卻是對這個時代尋求眞正快樂和自由的前提和基石。你吃飯不知飯味，吃肉不知肉味，交友不知友味，工作不知工作味，你雖然經歷了，但那只是你的眼

經歷了、口經歷了、手經歷了、身子經歷了，而你最重要的部位——心靈，卻從來沒有經歷過，因爲它始終不在，始終沒有回過家，沒有回到你正在著手的事物上來。你與別人講話只是形式上的點頭和口頭上習慣性的唯唯諾諾，你眼睛不止，心靈不止，因爲他雖在談話，但你卻在想別的事情，你總被與此時毫不相干的事情打擾，你總是心在外。

一個心不在愛的人，一個身心分裂的人，一個有口無心的人，他們又怎麼會愛上自己手頭的工作呢？會愛上與他們正在溝通的人，相視的陌生人呢？他怎麼會講出發自內心的話呢？又怎麼會活在當下的無限喜悅之中呢？

說來說去，人生要想有點成就，你就得先止下來，只有止下來了，你才能安定。

定，一是心定，二是身定，三是神定。若只有身定，而心神不定，那麼，你是痛苦的，煩惱總在你左右。你看看你的朋友圈子裏，又有幾個是定下來的。沒有，幾乎沒有幾個。有人身在曹營心在漢，有人朝秦暮楚，有人六神無主，到處都遊動著身心分裂的人。正如一個漂亮的女子若沒有嫁人之前是很難安定的，因爲追求的人太多了，只有選定了一男人，那麼，她才算安定下來，否則永遠都在情感的糾纏之中。

定後才能與萬物有關。不止不定，世界與你全無關係。你止於教育，那麼古今中外的教育方法就與你有關；你止於乒乓球，那麼全球乒乓球的所有發生的事才與你有關；你止於一流的汽車，那麼全世界關於代步的工具，都是你研究的對象；你止於管理，那麼所有關於人的行爲、思維，都是你的分析範圍；你止於廣告，那麼世上所有宣傳方式都是你研究的對象；你止於滑稽表演，那麼全世界的幽默故事都與你相關；你止於口才，那麼全世界的精彩演講都與你相關。

世界是一個角度的世界，你如果不切下一個角度，你永遠只是一個旁觀者，世上的一切均與你毫無關係。相反，你止於一個點，止於一件事，那麼，立即就有一系列的人事物與你有關，而且是大有關係。你開始寫小說，那麼，你與全球小說家都是一家人，你與詩人、歌唱家都是鄰居。而且出版社也會想盡辦法與你們這些人聯繫，整個社會發生的事件，也會立即與你的小說有關係。

定而後能安——

不定下來，你的心永遠在奔走。到一個公司，發現手頭的事也不是那麼好做的，你又恐懼或擔憂起來，於是你又在爲下一份工作而一路側耳傾聽著，你怕錯過更好的機會。如此一來，你整天都在牽掛著，所以，你活得太累。你若定下來了，你就不再爲無關的事情而煩惱。我定下來這個星期不休禮拜，那麼，你心也就安定下來了。死刑在未判刑之前是心神不定的，一旦量刑宣布了，那麼，他也就定下來了。

心不安定是世界上最殘酷的事。一個母親在家等上學的兒子回家，等到晚上十二點，兒子才回來。這期間她找遍了兒子會去的所有地方，但都不在，她心定不下來。只

有當她兒子停止在她面前時，她才心安下來。一個談判只有定下來了，你才會心安，一個大型活動只有定下來後，你才心安。如果沒有定下來，你總會充滿著擔憂與等待。一旦定下來，你就坦然了，你就安定了，你就平穩下來了。

你不定，別人也不太會與你接近，因爲你有太多的變數，尤其是那些遊動的人。別人與你合作，也是先看看你的公司定在哪裡，有多少人定在你的那裏，而且還會看你定得有多深。

生活中，你只要看見那些目光柔和的人，他們肯定是定下來的人；你只要看到做事有條不紊的人，他們肯定是定下來的人。相反，你只要看到那些目光游移不定的人，一定是還沒定下來的人；那些愁容滿面、兇險邪惡的人，一定是還沒定下來的人；那些一年四季找工作和一年搬三次家的人，也一定是還沒有定下來的人。

不止不定，不定不安，這是人生的必經階級。

安而後能慮——

人在煩亂中是不可能有清晰的思考與決策的，只有止下來，只有安定下來，這才能爲所止的事業而正式謀劃。心不安的人，考慮的問題必然膚淺；心不安的人，你交給他的任務必然做得很毛躁；心不安的人，無論他幹什麼，他都不可能有深入的思考，不可能看清事物的本質。

我時常交一些策劃案給手下去做，每當我收回他們各自的方案時，我就能清楚誰是在眞正爲公司思考，誰是在爲自己思考，誰的心是安定下來的。

不安的人是難以長久的。我目睹許多爲了掘取第一桶金的人，他們行事往往急功近利，做事只顧急速掘取最大利潤。結果，雖然一時掙了大筆錢，但卻帶來了一系列負面影響。有人失去信譽，有的品德全毀，有的臭名遠揚，這都是沒有久止久定於一事的思維方式。

凡是沒有安定下來的人，是難有系統思考的。許多老闆只顧自己利益，只顧一時得失，結果是局部勝利，而其他許多地方都失去了。一個人相同的身體，不同的是思維方式，千萬富翁和窮人的思維方式絕然不同，最起碼的一條就是心安定的程度不同。

慮而後能得——

思路決定出路，腦袋決定口袋。你有怎樣的腦袋，你就會有怎樣的命運和人生。有人說，我也考慮問題，而且可能地成功者對某一個向領導考慮得還多，但爲何還不成功呢？這很正常，雖然都有考慮，但考慮的心理基礎不同，一個是安定後的思路，一個是煩亂的思路，基點不同，結果自然就大不相同。因此，這個慮定沒有太多意義的。

人爲什麼要修行？就是我們這顆心，「靜」很難，天天操心，操不完的心，今天擔心這個，明天擔心那個，尤其在現在的社會，可操心的事太多太多。內心安寧不下來，

所以也沒有時間去思考。即使有空閒，也會做一些無聊的事情來打發時間，讓自己顯得很匆忙，甚至忘了什麼才是自己眞正想要的，不去面對現實。

《法華經》中譬喻衆生人人本具一顆明亮的寶珠，但是由於妄念造作，日夜追逐於名與利，讓本自清淨無瑕的明珠蒙上了六塵，從此生活在漫漫長夜的無明之中，若能時常修正自己的心靈，擦淨心頭的污濁，就能磨去古鏡苔痕，不僅自身坦蕩蕩，就連草木山河也盡顯歡喜。

人一旦到了這種境界，不管外界怎樣喧囂，都能夠處於一種安定的狀態的時候，人的整個智慧就開朗了。

只有靜，才能在喧囂的塵世中，不斷反省自己，做到內觀其心，外觀其表；只有靜，才能不斷地明確自己所追求的目標，不至於因爲世俗的誘惑，偏離目標太遠。

程應峰先生在他的一篇散文裏說：

> 在現實生活中，周國平先生就是個不慣在喧嘩熱鬧的人群裏表現自己的另類。他在別人說得天花亂墜的時候，總一個人默默地走開，並會為一點點人間真情而敏感而激動。他不喜歡別人來打擾，不願意融入所謂的人際圈子，在他的世界裏，他自己就是一個圈子。他的文字，寫給自己看，也寫給別人看。他習慣於思考，習慣於安靜而單純的

生活。他曾說：「我不喜歡特別熱鬧、特別複雜、社會交際過多的生活，我喜歡安靜而單純的生活。單純不同於單調，它是精神上很豐富的一種生活方式。」

安靜而單純，是理解和感覺幸福的落腳點。能隨時隨地用心靈去品嘗生活的味道，就有幸福可言，真正的幸福是生活的充實。

一個人僅僅為了名利而從政、經商、寫書，他可以獲取成功，但不能說就獲取了事業和幸福。安靜而單純，就是要學會獨處，學會忍受孤獨，並且懷著一顆真誠之心，將自己的理想、思考、感悟體現為某種社會價值。

從哲學的角度來看，安靜和單純不僅是相對於外在的熱鬧和繁雜的一種磨鍊，還是成就人生的一種境界。

我們處在並不是很清靜的世界中，身邊無時不充滿著誘惑，這就需要我們自己不斷地去克服，不斷地去抵抗，不斷地去追求「獨坐幽篁裏」的境界。這種境界中，沒有急功近利的追逐，沒有勾心鬥角的競爭，沒有庸俗可笑的閒聊，只有自己對自己的反思與審問。

靜而後能安——

經過修定，摒除了思想上的雜念，使心靈回歸到安靜的狀態後，亦即寧靜輕安的心

境。它會使身體經脈的氣血，十分流暢而舒適。讓身心由於「靜」的獲得，而處於寧靜輕安的狀態中。故孔子說：「仁者靜。」靜對於人能產生良好的思慮，有極厚重的精神基礎。

因此，在「靜而後能安」的基礎上，才會自然地產生「安而後能慮」的主觀能動性。在身心修煉到寧靜輕安的心理狀態下，才會產生良好的思慮狀態。一個「慮」字乃含有過濾、篩選的意思，還有極精極細的意思。在這種狀態下，會很自然地順延出「慮而後能得」的結果。

偉大的佛陀在二千五百多年前，不借助任何外在的東西，僅憑著心靈的智慧便洞悉了宇宙的眞相。應該說：佛陀在雪山修煉的過程，就是高層次、高境界的「知止」專一、獲大定力、得大安靜、獲大思慮、得大智慧、得人境界的修煉過程；亦即，高層次的「知止」、「定靜」、「能安」、「能慮」、「能得」——用這一修煉法則而獲「得道」的大境界過程。

同理，我們還可以從自身的應用事務中體會一下「知止」、「定靜」、「能安」、「能慮」，「能得」的心境體驗。由此，心不妄動，保持純正的動機，自然安靜下來；心安才能客觀、冷靜地深入思考問題；如果思慮能夠達到周密而詳細，必然會得到合理的解決方案，獲得預期的決策。

所以「知止而後有定，定而後能靜，靜而後能安，安而後能慮，慮而後能得」。這一修煉求證法則既是我們修身養性、追求道德完善的心理修養法則，也是我們在日常的應用事務和一切社會管理事業重大問題上，所必須遵循的重要思考求證法則。可以說，它是人們求取大智慧，修養人格完善，做事圓滿正確，修養心靈至善的客觀法則。

4 靜是宇宙雷霆之力

在武術博弈中，一開始就拳勢洶洶的人往往都敗在靜觀其變的對手手中。因爲先動者只是一意孤行，完全依自己預先設計的模式去進攻，很少顧及對方的變化，而靜觀者卻是爲了摸清對方的套路和弱點，目的是做到知己知彼，一招制勝。

南京棲霞山的棲霞山寺，被譽為六朝聖地、千佛名揚的道場。

棲霞山以石刻的千尊佛像工程最為大，在無人能攀上的最高山峰上，有一尊站立著的佛像，莊嚴生動。在峰下經過的人，無不舉目仰視。

一九四一年，有一信徒參觀棲霞山時，見到山峰頂上的佛像，就問引導的卓成禪師說：「老禪師，那尊佛像叫什麼名字？」

卓成禪師回答道：「喔！那尊佛像叫飛來佛！」

老禪師的意思是說，那個山峰很高，人沒辦法爬上去雕刻，這尊佛應該是從別處飛來的。

信徒聽後，又很好奇地問道：「既然是飛來的，為什麼又不飛去呢？」

卓成禪師道：「一動不如一靜。」信徒再問道：「為什麼要『靜』在這裏呢？」

禪師回答道：「既來之，則安之。」

卓成禪師隨意的回答給予我們很多的啟示。「一動不如一靜」，這是多麼美妙的境界；「既來之，則安之」，這是多麼肯定的生活。

「動」與「靜」在中國傳統哲學中一直是人生論中的重要問題之一。老子說：「無欲以靜。」莊子說：「萬物無足以撓心者，故靜也。」

總之，心能靜即無欲，便是大清明、無蔽之境界，便是客觀心境。這種心境便能照見一切，深入萬物之理，獲得宇宙之普遍知識和「道」之大理。至於動，道家一直視動與欲相連，動則不能照見萬物，因此主張「君子慎動」。

任憑你外面亂糟糟、紅塵滾滾，我心不動；外面的世界非常的熱鬧，資訊這麼多，我胸中自有一塊寧靜的聖地。「靜」就是清，靜了就能夠清，清了就能夠明，明瞭不就聰明了嗎！

國王提出一大筆賞金，看誰畫得出最能代表平靜祥和的意境。有的家畫了清晨的山峰，有的描繪黃昏森林；還有人畫出寧靜的河流、小孩在沙地上玩耍、彩虹高掛天上、沾了幾滴露水的玫瑰花瓣等等。

國王親自看過每件作品，最後只選出兩件。

第一件作品畫了一池清幽的湖水，周遭的高山和藍天倒映在湖面上，天空點綴了幾抹白雲。仔細看的話，還可以看到湖的左邊角落有座小屋，打開了一扇窗戶，煙囪有炊煙嫋嫋升起，表示有人在準備晚餐。

第二幅畫也畫了幾座山，山形陰暗嶙峋，山峰尖銳孤傲。山上的天空漆黑一片，閃電從烏雲中落下，也降下了冰雹和暴雨。這幅畫和其他作品格格不入，不過如果仔細一看，可以看到險峻的岩石堆中有個小縫，裏面有個鳥窩。儘管身旁狂風暴雨，小燕子還是蹲在窩裏。

國王將朝臣召喚過來，將首獎頒發給第二幅畫的作者，他的解釋是：寧靜祥和，並不是要到全無噪音、全無問題、全無辛勤工作的地方才找得到。寧靜祥和能讓人即使身處逆境，也能維持心中一片清澄。

然而，「忙」成了現代人的一個關鍵字，都把自己逼迫得太厲害。瘋狂的工作、瘋狂的賺錢，結果得不償失。心靈上都是滾滾紅塵，爲何不放鬆一下，把心平靜下來品味生活的樂趣呢？人生如品茶，唯有我們靜下心來細細地品味，才能品嘗出茶水的芬芳。紅樓夢中妙玉即曾嘲笑寶玉：「一杯爲品，二杯即是解渴的蠢物，三杯便是飲牛飲騾了。」唉……三杯即成牛騾之物，我們都把它當成救命之水了，那我們成什麼了？

如今是一個資訊過剩的時代，也是一個煩躁的時代、物欲橫流的時代。能夠安靜下來，看一本書、聽一首歌、寫一行詩，似乎也是一種奢侈。其實，只要寧靜、澹泊，隨時調整自己的心態，就會活得充實、輕鬆。

一般地說，佛家反對身、口、意因妄而造業。僧人所居的寺廟，梵名Aranyaka，意譯爲寂靜處，僧人所修的禪定，梵名Dhyana，意譯爲靜慮。

長沙和尚一日在山中小徑信然漫步，與致盎然。

回到寺院門前時，首座問道：「師父，你到哪裡去了？」

長沙答道：「到山裏散步去了。」

首座又問：「去到何處？」

長沙隨吟一偈：「去隨芳草，歸逐落花。」

何等悠然自得的遊戲三昧的無心化境。這種境界超越了無功用、無作之作的境界。

首座又道：「真是春風得意，長庭信步啊！」道得極為真切，可見底蘊不淺。

長沙答道：「勝於秋露滴荷葉啊！」答得也極為巧妙，暗中壓過了首座自以為得意的底蘊。既舒心，又自然，一個與美好的自然化為一體的禪師形象，活脫脫呈現在我們眼前。

古人嵇康的《養生論》對「心靜」有其獨到之見：「更宜調息靜心，常如冰雪在心，炎熱亦於吾心少減，不可以熱爲熱，更生熱矣！」也就是說，無論冬冷夏熱，遇事均要心平氣和。

清朝末期的士大夫代表曾國藩綜合儒、道、釋三家學說，把靜字功夫看得更爲重要。他在日記中說：「靜」字功夫要緊，大程夫子成爲三代的聖人，亦是「靜」字功夫足。王明陽亦是「靜」有功夫，所以他能不動心。若不靜，省身也不密，見理也不明，都是浮的。他還主張，精神靜養必須按照靜坐、平淡、改過三個步驟去進行。他還說：

自修之道，莫難於養心；養心之難，又在愼獨。能愼獨和靜處，則內省不疚，可以對天地質鬼神。

我們的五官都是向外的，眼、耳、鼻、舌、嘴都在接受外在的刺激。我們所處的世界，強調經濟，現今更是強調「眼球經濟」，只要能吸引眼球，就能產生商機——「超女現象」就是最好的佐證。

在豐富、絢爛、忙碌的生活之下，我們物質雖然富裕了，但太少停留下來給自己一點時間向內看看自己，了解眞實的自己。調試分離的「身體、心靈、思維」，隨著時間的推移，我們身體變差了，因壓力過大情緒容易抑鬱灰暗狂躁、因過度的思維而頭暈目眩，甚至疼痛。

其實我們有很多與生俱來的潛能，都在忙碌的生活中泯滅了。其實，應該留一點時間給自己，去尋找眞實的自我，你會找到、體會、引發自己本身具備的潛能，變得快樂、力量和智慧。

太極一動，便有兩儀，一爲陽，一爲陰。也就是說，任何事情不做則已，只要一做，一行動就會有陰陽兩面，就會有吉凶，所以我們不要指望人生永遠都好，也不必擔心永遠不好。

爲什麼「一動不如一靜」？難道靜能制勝嗎？相較於動能制勝，以靜制勝就不那麼通俗易懂了。不主動，不進攻，甚至都還沒有任何動——任何的付出，怎麼就能夠制勝呢？先讓我們到法庭上看一樁官司——

石油大亨洛克菲勒因一樁生意糾葛，打官司上了法庭。在上法庭之前，對方律師曾多次去信洛克菲勒的石油公司，詢問各種事情。從法律上講，對方的律師是無權過問這些事的，所以洛克菲勒一直沒有給他答覆，也沒有準備在法庭上出示他的原信。

然而在法庭上，對方律師卻講起了他寫給洛克菲勒石油公司的詢問信。每次說到什麼時候去了一封信、信上寫了什麼之後，對方律師都會這樣問：「洛克菲勒先生，請你拿出那天我寫給你的那封信。」

法官聽了之後也都這樣問：「洛克菲勒先生，你收到那封信沒有？」

洛克菲勒每次都平靜地說：「收到了，法官先生。」

法官接著每次都這樣再問：「你回信了嗎？」

洛克菲勒則每次都以同樣平靜的語氣回答：「沒有。」

如是幾次三番，對方律師逐漸冒起火來，洛克菲勒則不氣不惱，像沒事人一樣，答問題則像聊閒話似的，根本不把對方的提問當一回事兒。

法官後來問洛克菲勒：「洛克菲勒先生，他寫給你公司的信都收到了嗎？」

洛克菲勒還是照樣小聲地回答：「都收到了，法官先生。」

法官又問：「你一封信都沒有回覆嗎？」

「沒有。」洛克菲勒還是照樣平靜地回答。

對方律師聽了，不禁咆哮起來，怒聲喝問：「你為什麼不給我回信？難道你不認識我嗎？」

洛克菲勒依然平靜如止水，語氣仍然跟聊閒話似的：「我怎麼會不認識你呢？只是從法律上講，你無權詢問那些事情，所以我才沒有回你的信。」

對方律師聽他這麼一說，更加暴跳如雷，氣得嘴唇直哆嗦，指著洛克菲勒大喊：「你……你……你……」

洛克菲勒勝得高明，靠的就是——靜。這種靜，並不是不動，它是以不動爲動，對方既已輕舉妄動，難道再陪著對方的輕舉妄動起舞？對方律師完全是在無理取鬧，洛克菲勒爲什麼要跟著起鬨呢！

靜的妙處就在於，當對方主動時、進攻時，甚至猛烈進攻時，你可以暫時避開鋒芒，躲到一邊，冷靜地觀察並尋找對方的弱點，甚至死穴，從而一擊制勝。洛克菲勒不正是最後一句話就讓對方「高血壓」嗎？動能占到優勢，這是眞的；但靜也能占到優勢，這一點也不假。

老子說：靜爲躁君，主張一動不如一靜，但這並不是鼓勵人們消極無爲，而是說要靜待時機，不可莽動。諸葛亮一生運籌帷幄，決勝千里，成就無數偉業，但他無論在舌戰群儒還是在指揮赤壁之戰時都永遠保持著那種氣定神閑的世外方士姿態。在《誡子書》中教育子女：「非澹泊無以明志，非寧靜無以致遠。」以一介儒生而能彪炳於中國歷史，尤其是中國軍事史，他的智慧得益於中國文化中靜中取動的精髓。

寧靜不是爲了永遠沉寂，它是爲爆發而蓄積力量。當你看海時，那不起一絲波紋的海面，只讓你想到寧靜嗎？你以爲那寧靜下面只是死水？再看那嘩啦啦不停喧響的小溪，你以爲那是一種眞正的澎湃？

當然不是，大海驚濤駭浪的力量就在那靜靜的孕育中，而小溪只能天天都唱著同一首最平庸的曲子。我因此崇拜那些苦苦堅守在自己熱愛的陣地的人們，他們的力量終會匯成海的氣勢，引發滔天巨浪。

寧靜不是退卻，也不是放棄，而是一種靜觀其變然後出手制敵的策略。冷靜地處事、生活是一種達觀的哲學，是一門高超的藝術，是一種貌不驚人的大智慧。

5 身靜是末，心靜是本

禪的最高境界是無字；
音樂最高境界是無詞；
愛的最高境界是無言；
生活最高境界是理解；
朋友最高境界是無聲；
人的最高境界是心靜。

在夏季，連續的高溫使人心煩氣躁，日不願落座，夜難以入眠，讓人苦不堪言。面對酷暑，我們無法迴避，也無處躲藏。在難耐酷暑飲冰解之無效而煩惱時，朋友，您可能想到人們常說的一句話：心靜，自然涼。

「心靜自然涼」，這一說法也是有科學道理的。在興奮的時候，人的腎上腺激素分泌會增加，腎上腺激素分泌的增加會讓人的體溫升高，所以在心靜的時候，腎上腺激素

分泌會減少，當然人也就不會那麼熱了！

這是從科學的角度來分析的。其實更重要的是從人的心理角度出發，讓人的內心靜下來，人自然就涼爽了。

我們無法左右天氣，但我們可以調整自己的心態；我們無法左右別人的思維，但我們可以把握自己的思想。要想「涼」，就得心靜，要心靜必先心清，心靜後方能心更清，二者相輔相成。心不清，難去躁，心難靜。

樂觀情緒並不能改變天氣與外在環境，但能讓自己有一個良好的心態去從容應付。

很多人可能都有過類似的感受，在你安靜下來細細考慮事情的時候，你根本意識不到身外的很多官能感受，自然對環境的冷熱也就不那麼敏感了，心靜自然涼就有這方面的含義，但更多的，它所指的還是人們可以通過自身主動的調節來達到這種效果。

如果從佛學角度來看，心靜自然涼指的則是一種人道眾生的心態，一種面對生活時，在心靈最深層次所應有的意識。了解佛教的人會經常聽到「三無」這種說法，三無就是無憂、無悔和無怨，其實就是指人們在生活中的態度。

說到「三無」，其實描述了人們對於過去、現在和未來的生活時，所應持有的三種正確的生活態度：對過去的事情不必始終耿耿於懷，對現在的生活不致始終充滿抱怨，對未來的事情更不必杞人憂天，能夠無憂、無怨、無悔地生活，實在是一種幸福和圓滿

的生活。

雖然人生在世，免不了會有諸多不順意，但是如果能做到無憂、無怨、無悔的話，不爲無用的事發愁、擔憂，不讓自己的心爲世俗的名利而糾結，放下對過去、現在、未來的掛礙，以感恩的心全力面對現在的每一個當下，以最眞實的心態積極面對生活，這樣才會給生活中的憂愁減半，爲快樂添分。

大約三百年前，彌爾頓雙目失明後，就發現了這一眞理——「思想運用以及思想本身，能將地獄變爲天堂，抑或將天堂變爲地獄。」

拿破崙和海倫·凱勒的生平就可以證明彌爾頓的話是何等的正確：拿破崙擁有了一般人夢寐以求的一切——榮譽、權力、財富等等，然而他卻對聖海琳娜說：「在我的一生中，從來沒有過快樂的日子。」而海倫·凱勒是個又盲又聾又啞的殘障人士，可她卻說：「生活是多麼美好啊！」

無憂的心是輕鬆的，也是沒有壓力的，這樣的生活態度常使自己少了憂悲、苦惱的煩擾，而多出許多常人不及的精力，這樣一來，解決生活中遇到的難題自然也比常人多出一份從容的智慧和精力。

眞正做到以無憂、無怨、無悔的心生活，當然是非常難的，哪怕只是要做到其中的一個似乎都很難。比如對自己過去所做的錯誤決定不後悔似乎就很難，要想毫無怨言地生活似乎更是困難。有人會說，眞正做到三無是不是根本是不可能的？即使做到了「三無」是不是一種消極的生活態度？當然並非如此。當你看見身邊有一些人總是笑口常開，或者精力過人，總能輕鬆地做好每件他想做到的事，而且還有很多精力來做其他的事情，這樣的人基本就做到了「三無」，即使不是如此，也是做到了其中的一兩條。

我們其實應該經常進行自我檢視和反省，自淨其意，把自己心裏的憂、怨和悔統統淨化、放下，以無憂、無怨和無悔之心去對待一切，這樣才能生活得更快樂。

心靜自然涼，你的心裏沒有那麼多的憂、怨、悔的心結，以樂觀、輕鬆的心態積極生活，又怎麼會因爲天氣的炎熱而煩躁不安？即使大汗淋漓，依然以一顆平常心平靜面對，自然可以從中體會到常人體會不到的樂趣，心靜，就能進入一種「閉門即是深山，讀書隨處淨土」的妙境。以靜心看世界，世界便是一片充滿清幽安寧的綠洲，即使那鳥鳴蟬噪，也會感受到「林愈靜山更幽」的意境。心之性之悠悠，全身心地沉浸到朝霞夕暉或明月清風之中，心更純，氣更靜，心純氣靜中便有通體爽快之感。

心靜如水，依物隨形。然而，在這個充滿了喧囂、嘈雜的時空，重疊交叉的聲波無序地傳播著。欲尋的清靜就像沙漠中一潭清澈的泉水，顯得越來越珍貴了。尤其生活在喧鬧的城市，享受寧靜已成爲一種奢侈。

道家的煉心煉氣，是靜；

儒家的修心養性，也是靜；
佛家的六根清靜，還是靜；
常人做學問，修靈性，亦是靜。
每個人的面前，都有一條通向遠方的路，崎嶇但充滿希望。不是人人都能走到遠方，因爲總有人因爲沒倒掉鞋裏的沙子而疲憊不堪、半途而廢。所以，主宰人的感受的並非歡樂和痛苦本身，而是心情。

烈日炎炎的夏日，老和尚正給小和尚講佛理。

老和尚說，心頭火燒毀的往往是自己的心，所以要制怒。

「心靜自然涼啊！」老和尚講。

老和尚剛剛講完佛理，小和尚便虔誠向老和尚請教：「師傅，剛才你講的最後一句是什麼？」

「心靜自然涼啊！」老和尚說。

「心靜之後是什麼？」小和尚又問道。

「自然涼。」

「什麼是自然涼？」

「心靜。」

「哦，心靜自然涼。」小和尚低頭小聲念道，接著他又抬起頭來問：「師父，自然涼前面是什麼？

「心靜。」

「心靜前面是什麼？」

「心靜前面已經沒有了。」老和尚已經有點不耐煩了。

「哦，心靜後面是什麼？」

「自然涼。」

「自然涼？自然涼前面是什麼呢？」小和尚不停地問。

「混帳東西！你這哪裡是討教，分明是在胡鬧！」老和尚氣不打一處來，臉色脹紅了，額頭也已經冒出了汗。

原本老和尚給小和尚講佛理，結果老和尚是被小和尚上了一課，讓老和尚體會了心不靜自然熱！人有時候就是這樣，明明知道這件事是個什麼理，最好該怎麼做，但是最後就是沒法做到。也就是心無法眞正地靜下來，沒能享受到自然涼的結果。

唐朝司馬永楨說：「靜則生輝，動則生昏。」所以說，人生的一切浮躁和欲望都是

來自不清靜、不安穩的心。人如果都能有心靜的自然和諧，有修身養性的積極處事態度，遠離悲觀厭世的消極逃避，能控於己、制於心，方可萬事不亂，世俗多於煩事的人生，就會少了許多煩惱。

當無奈的惆悵湧來，請擦亮眼睛，看夕陽的沉落，聽蟲鳴鳥叫，就像兒時在小院裏聽蛐蛐的叫聲，抬頭數天上閃爍的星星。於是，一切令人煩惱的嘈雜漸漸隱去，擁有的是一顆寧靜的心。

生活中免不了鮮花掌聲、燈紅酒綠、歌舞喧騰的熱鬧，但熱鬧之中，往往包含著無聊的捧場和虛假，熱鬧之後，留下的常常是無奈的冷清和失落。只有寧靜才是一方淨土，它能幫你抵禦住無窮無盡的誘惑，爲你帶來心靈的慰藉，更能讓你享受生活的安寧。唯有心靈的寧靜，才能不熱中權勢顯赫，不妒嫉功成名就，不乞求名聲大噪，不羨慕美宅豪邸。因爲所有的熱中、妒嫉、乞求和羨慕都是一廂情願，只能激起情感上的迷惘和躁動，加重生活中的煩惱和負荷，而與豁達和康樂無緣。

心靜而涼生，須有一個心境的營造，這便是在紛繁複雜的社會環境中保持一顆平常心。唯有平常心，才能於高朋滿座、觥籌交錯時不會眩昏，曲終人散、獨對殘月時不會落寞；才能不爲沉浮升遷耿耿於懷，不因缺少鮮花掌聲落落寡歡；才能心平氣和地做自己的事情，勤勤懇懇地寫自己的文章，安安逸逸地過自己的日子，以清醒的心智和從容的步履走過人生的歲月。

平常心是一種氣質、一種修養、一種充滿內涵的幽遠。無論是爲人處事，還是工作生活，只要能保持一種淡泊清靜的心境，守住一片溫馨的寧靜，就能夠理智、從容，就會發現人生處處有美麗的風景，生活時時有溫馨的笑靨。

6 飛來是佛，動靜如一

每一個生命不管天年長短，都有其特點，都有與眾不同的地方。

那朝生暮死的蜉蝣人生，只三天的短暫時光。可它不食不飲，用不著費心覓食，老天給它安排這僅有的三日，能夠輕鬆自在地享受著有限的生辰之光。倘有幸身陷於松、柏樹脂之中，凝成黃褐色透明的化石，於千萬年之後，依然風姿綽約地展現在琥珀寶石中而閃爍著懾人的光澤，讓人驚豔。以這麼短的一生換來無數萬年後長遠的眾人矚目，不也是一得嗎？

那每個人兒時都熟知常見的蟬兒，只喧鬧幾分之一都不到的夏季就結束生命。來到

世間只存活一至兩週。可它得蟄伏在地底下過著三年到十七年不等的黑暗生活，才得以破土而出。

因此它在樹上飲而不食，抓住這短暫的片刻沒命地唱響「出生之美」，用燃燒生命的聲音，傾訴著「生」之美好。它的生命軌跡皆依循著冥冥中無所不在的造物者的設定進行。在機緣成熟時躍出羽化、高歌、求偶、交配、產卵和死亡。當這美麗的使命完成之後，又回歸塵土……

當然由於當時年幼，無法全面理解，隨著年齡的增長、知識的積累、閱歷的豐富，終於明白了。其實這答案在古人「天人合一」的宇宙觀裏已經呈現；在莊子齊物論「天地與我並生，萬物與我爲一」中早已證實；更在程顥《偶成》詩中「萬物靜觀皆自得，四時佳興與人同」的名句裏，做了最貼切的表達。

這位純然的儒家學者、宋代的理學大師、市井小民眼中道貌岸然的冬烘先生，竟然也抗拒不了大自然的魅力，在親近大自然、欣賞大自然中，寫出了這樣的名詩佳句。眞的！一個與世無爭、思想澄澈的人，靜靜地品觀萬物，都能有得於心。更能領略到人間四季裏，其他萬物也有和人一樣的好興致，也有各自不同的最佳展現。是的！這些你我老早在接受正規教育前，就已陸陸續續地印證著。並隨著日月的嬗遞慢慢地更爲明白。

記得佛教裏有一個「梓中寶藏」的故事，講的是一位老人，在自家房下的地窖裏藏

了很多無價之寶，心想：萬一某天家道中落，子孫後代憑著這些財寶還能復興祖業。許多年後的一天，這座年久失修的宅子突然失火，屋毀樑傾，子孫們棄屋而逃，流落他鄉。因爲他們不知道，廢墟之下，藏著祖宗留下來的傳世寶物。

這就像我們今天生活的一種寫照。如今，人類已經走過了農業社會、工業社會、後工業社會，直接衝進了網路化資訊化時代。

對於一個「白領」來講，儘管每天接收的海量資訊裏，有實質意義的並不多，但是如果一天不上網，不瀏覽上百條資訊，不接收許多的E-mail、簡訊和電話，他就會惶恐不安地四處張羅，擔心自己被社會「邊緣化」。出門有車代步，家裏、辦公室裏全盤自動化，足不出戶就知道世界上正在發生什麼，上網說兩句話，可能引起幾萬甚至幾十萬人的爭論；上網購物，就有人風風火火把你需要的東西送上門來……

但這一切似乎並不能使我們的身心得到眞正的安適。在這個智力爲王的時代，我們的身體終於從繁重的勞動中解脫出來了，卻把所有的壓力都載入給了精神。

很多人抱怨自己的時間不夠用，生活壓力太大，卻從來不曾停下來反思一下生存的意義。其實，要找到藏在地下的寶貝，就要靜下心來一點一點地清理與挖掘。

有次，六祖惠能大師看到兩個人對著一面旗幡，面紅耳赤爭論不休。

一個說：「如果沒有風，幡子怎麼會動呢？所以說是風動。」

另一個說：「沒有幡子動，又怎麼知道風在動呢？所以說是幡動。」

兩人各執一詞，互不相讓。

惠能大師聽了，對他們說：「二位請別吵，我願意為你們做個公正的裁判，其實不是風動，也不是幡動，而是二位的心在動啊！」

以佛教的見地反觀，我們生活中的確有很多麻煩都是由己而起。對所有的事都執著，對所有的煩惱都招惹，即使早已風平浪靜，我們還要堅持。正所謂世上本無事，庸人自擾之，煩惱痛苦也因此而來。

是啊，從上述公案裏可以看出，禪師對外境的觀點，完全是返求自心，而不是滯留在事物的表象上，我們常人之所以有分別，完全因爲起心動念。

因此，心靜則萬物莫不自得，心動則事象差別現前，如何達到動靜如一的境界，關鍵就在心是否能去除差別妄想。

古人云：「萬物靜觀皆自得」（程灝詩）。世上萬般事物，只要靜下心來觀察皆都能自得其樂。在迷茫之中，要保持一種平和的心態，以一種相對超越的目光進行觀察，用一種多元的、平衡的方式進行思考，才能有所「自得」，即達到對事物的「自由」認

識，並且讓事物獲得「自由」發展的機會。

王飆先生在其散文《靜心是只空籃子》裏講了兩則小故事——

當年，身為王子的釋迦牟尼，為了尋求解脫人生苦難的真諦，出家當了和尚。他歷盡艱辛，孜孜以求，遍訪了印度的高僧，卻始終沒有找到滿意的答案。

他的內心充滿苦惱和哀愁，遂準備投河自盡。一個農夫救起了他，「年紀輕輕，卻尋死覓活，真是沒有出息的廢物。」

農夫把他扔在河邊一棵菩提樹下，就頭也不回地走了。

釋迦牟尼被農夫罵醒之後，坐在菩提樹下開始深深地反省自我。他把滿腦子的東西，像扔破襪子爛鞋子一樣，一件一件扔了出去，並且毫不留情地抹掉所有痕跡。不知不覺，七天七夜過去了，在他那被掏空了的靈魂裏，突然一道靈光乍現！釋迦牟尼終於悟道成佛。

對此，他評論說：看來，沒有眞正的靜心，是不可能有偉大的思想誕生的。或者說，靜心是靈感之源，靜心使人的智慧更富有穿透力。

古代渤海國在中國北方曾經非常強盛。有一年，渤海國王想從兩個同樣優秀的年輕大臣中選一人做宰相，便把他們留在宮中，並分別告知：「恭喜你！我明天將宣布你做國家的宰相」。然後，國王讓僕人分別領他們回到各自的房間睡覺，並讓人仔細觀察兩人的動靜。其中一位，內心過於激動，一夜未眠。而另一個人走進臥室不久，便靜靜地睡去，不時有鼾聲傳出，直到第二天僕人把他叫醒。結果，酣睡的大臣當了宰相，而一夜未眠的那位落選了。

國王事後說：「一聽說要當宰相就激動得睡不著覺，可見心裏難以盛事。當宰相，就要有腹中能撐船的度量。心靜如水，榮辱不驚，遇事從容自若，做人不卑不亢，這才是真正的宰相之器啊！」

對此，他的評論是：靜心可以提升一個人生命的品質和品位！看來這也是不爭的事實。蓋所謂靜心者！淨心也！靜心是一種不斷積蓄的能量，惟其靜心，才能厚積薄發、舉重若輕、風度翩翩、儀態從容！

人生在世也就那麼三、四十年打拼的日子，眞不算長，轉眼間已進「天命」之年，可自我感覺還沒怎麼活，人活著易，活出品質來難，人啊，怎麼活才能活快樂，這裏面的學問還眞大。常從朋友們的文章中看到各種各樣的煩惱，多是悲情、傷感，充滿對現

實的無奈與苦悶，眞正能把自己的快樂傳遞給大家的實在不多。

想要事業成功，心靈舒展嗎？那就必須學會「靜」。

每個人心裏都有一隻靈魂之杯——「如果你用它來盛天上的淨水，你就是個聖徒；如果你用它來盛大地的佳釀，你就是個詩人；如果你兩者都不肯捨棄，一心要調出更完美的瓊漿玉液，你就是個哲學家……」這是周國平散文集《安靜》裏的一段話，我引來做開頭，是完全感動於他對「心靈超驗」體驗的強調和追求以及他對世俗喧囂的勇敢放棄——那是他逃離了媒體數年後的感悟和總結，也是他抽身於熱鬧，回歸安靜的崇高心境的寫照！

心靜則萬物莫不自得，心動則事象差別現前，因此要達到動靜如一的境界，其關鍵就在吾人的心是否已經去除差別妄逐，眞的得到寂靜。

唐憲宗是個信佛很虔誠的君主，派人到鳳翔迎請佛骨（舍利）。韓愈上表諫言阻止，憲宗大怒，把他貶至潮州為刺史。

當時潮州地處南荒，文教不盛，想要參學問道非常困難，但是這裏卻隱居著一位學養、功行非常高妙的大顛禪師，深為當地人敬仰。

韓愈以大唐儒者自居，哪裡看得起大顛禪師。但是這裏除了禪師之外，很難找到學士文人可以論道，韓愈於是抱著無奈、挑戰的心情去拜訪禪師。韓愈到的時候，大顛禪師正在閉目靜坐，韓愈懾於禪師的威德，不自覺地、恭敬地站立在一旁等待。過了很久，禪師卻仍然一無動靜，韓愈心中漸感不耐。

這時，站立在禪師身旁的弟子，開口對師父說：「先以定動，後以智拔。」這句話表面上像是對禪師說的，其實是在啟示韓愈：禪師此刻的靜坐是無言之教，也是在考驗你的定力，然後再用言語智慧來拔除你的貢高我慢。

韓愈這才恍然大悟，敬佩大顛禪師的學養，認為禪師的道行確實高妙。

後來他和大顛禪師成為至交道友，並留下許多千古美談。

由上述的公案，我們可以了解動與靜在禪師的心境是合一的，實踐在教化上則是圓融無礙的。禪師教化人，有時不發一語，有時做獅子吼。禪師一言半語的提攜，一棒一喝的進逼，一進一退的表揚，一問一答的發明，一顰一笑的美妙，一茶一飯的啓導，甚至一揚眉一瞬目，一豎指一垂足，在一動一靜之中，無不充滿了禪機，無不煥發著禪味。動靜是截然不同的兩種狀況，但是透過禪定所證得的動靜，是合一的，是自如的。

7 心宇澄清，身似如來

泰戈爾曾說：「如果你因爲錯過了太陽而哭泣，你也將錯過星星。」寧靜是難得的灑脫，也是智慧的感悟。寧靜就是快樂。

澹泊不是平庸，寧靜孕育輝煌。一時的大紅大紫、突如其來的塵世喧囂，只是留不住的景觀，不變的澹泊寧靜才是永久的聖殿。

古今歷史昭示，只有在澹泊寧靜的磨礪中，人之心胸才能豁達寬廣，人之猛志才能長存不溺。澹泊寧靜給人以撫慰、淨化，令人潛下心來，騰出時間，埋頭苦幹，心無旁騖地去登攀。

如今的成功人士多數是忙人，來去匆匆，應酬繁多，別說閉關修煉，恐怕連看書的耐心和時間都沒有。滾滾紅塵，人世繁雜，如果一個人失去了清淨的心境，那麼，得就是失，失就會憂生於心，心不靜則事事亂心，何來的快樂？

世間到處充斥著欲望和誘惑，我們時常爲世間的繁雜之事煩惱，唯有澹泊名利才能明志，才能樹立遠大目標，唯有靜才能看得眞，才能走得踏實。我們不妨時常從繁忙的

工作思維中抽離出來，把自己處於一種心無雜念的寧靜而寬闊的境界，靜心地反觀自己的行爲。那麼，原來許多很模糊的事情會清晰起來，曾經一直困惑的問題也會有了答案，所以，寧靜足以致遠！

有一個小孩尋找金錶的故事，人們可以從中受到許多啓示。

有一個農場主在巡視穀倉時，不慎將一塊名貴的金錶遺失在穀倉裏了。他遍尋不獲，便在農場門口貼了一張告示：誰幫忙尋到了，便賞給一百美元。人們面對重賞的誘惑，無不賣力地四處尋找。無奈穀倉內穀粒堆積如山，還堆有大量的稻草，要想在其中尋找一塊金錶，如同大海撈針。人們忙到太陽下山仍未找到金錶，他們不是抱怨金錶太小，就是抱怨穀倉太大，稻草太多，便一個個地放棄了一百美元的誘惑。只有一個小孩仍不死心，還在堅持繼續尋找。天越來越黑了，他突然發現待一切喧鬧平靜下來後，有一個奇特的聲音「滴答」、「滴答」不停地響著，小孩立即停止了尋找，穀倉內更加安靜，「滴答」聲更加清晰，小孩循聲找到了金錶，最終得到了一百美元。

這個故事告訴我們，小孩之所以能找到金錶，關鍵在於他有一種寧靜的心境。

寧靜的心境能使人耐得住寂寞。「天上不會掉餡餅」。要想成就一番事業，往往需

要幾年、十幾年，甚至幾十年的艱苦努力和埋頭苦幹。如果沒有寧靜的心境，就會耐不住寂寞，坐不得冷板凳，不願付出艱苦的努力，心浮氣躁，總想走捷徑，甚至投機取巧，這種人是絕對做不成事業的。

寧靜的心境能使人守得住清貧。大千世界，物欲橫流。面對金錢和物質的誘惑，有的人心境寧靜，安貧樂道，不爲金錢所動。而有的人缺乏寧靜的心境，守不住清貧，在花花世界裏往往心理失衡，丟失自我，一失足成千古恨。成克傑、胡長清、劉守仁等一些高官之所以走上貪污受賄的犯罪道路，無一不是如此。因此，只有保持寧靜的心境，才能經得住各種誘惑，清正廉潔，兩袖清風，一身正氣，永遠立於不敗之地。

寧靜的心境能使人經得住失敗。人的一生不可能是一帆風順的，總會遇到挫折，遭受失敗。有的人心境寧靜，在遭受挫折和失敗時，坦然面對，毫不氣餒，愈挫彌堅，最後獲得了成功。而有的人一遇挫折和失敗，就悲觀失望，灰心喪氣，一蹶不振，最後一事無成。這樣的例子不勝枚舉，我們都應該從中受到一些啓示。

寧靜的心境能使人冷靜處事。心平氣和能化解一切矛盾。人生道路上總會遇到許多不如意的事，是心平氣和地去化解，還是怒火沖天地去對待，這取決於一個人的心境是否寧靜。有的人心境寧靜，慍而不怒，冷靜處事，往往化干戈爲玉帛；而有的人缺乏寧靜的心境，往往「怒而興師」，結果使矛盾激化，導致失敗。

人生的旅程不可能是一帆風順的，在面對挫折與苦難時，如果想保持一份豁達的情懷，保持一種積極向上的人生態度，就需要有一種博大的胸襟和非凡的氣度。一般人非常看重個人利益的得失，因此就很難控制自己的七情六欲，只能在情天恨海中隨波逐流。而修煉人則能把名利情色看得很淡，也能做到寬容忍讓，其胸襟和氣度自然遠在一般人之上。寧靜致遠則是一種更高的精神境界，它不是通過外界的環境或外力來改變自身的心靈狀態，而是用內心的寧靜來豐富自身的想像力。在紅塵濁世中通過修養自己的心靈，使其達到平淡祥和的境界，就如蚌之含砂，在孤獨與痛苦中孕育著璀璨的明珠。因此，一個人在最寧靜時刻的思維，就是他的靈魂昇華後最珍貴的思想結晶。

有人出了個問題給兩位畫家，題目是「安靜」。

第一位畫家畫了一個湖，湖面十分平靜，好似一面鏡子，另外還畫了些遠山和湖邊的花草，讓它們倒影在水中。

第二位畫家則畫了奔流直瀉的瀑布，瀑布旁邊有一棵小樹，樹上的一條小枝上安有一個鳥巢，鳥巢裏有一隻小鳥，小鳥正在恬靜地酣睡。

人們自然說第二位畫家畫得高明，因爲它才眞正理解了安靜的含義；而第一位畫家所畫的湖面，靜雖靜矣，不過是一池死水罷了！

世界是運動的，但動中有靜，靜中有動，只有激烈的動才能襯托出眞正的靜；人生

是跟時間永不停息的賽跑，只有通過名利之舟、滾滾紅塵，才能看到安靜自然、心如止水的高尚境界。

匆忙的一生中，有人醉心於功名利祿，有人迷戀於燈紅酒綠，也許最終擁有了高官厚祿，也許最終物欲得到了滿足，但心靈的寂寞和空虛，是無法用物質來彌補的。失去了那份澹泊與寧靜，又怎能綻放出最燦爛舒心的笑容？

寧靜可以使人的心靈變得更爲廣闊，讓我們有更大的空間去容納思想的自由翱翔，爲人生的奮鬥積累力量。

眞正的寧靜，屬於內心充滿力量的人。任何時候，任何惡劣的環境中，他只會徹底地反省自己，不會把別人當成意識形態及個人利害方面的敵人。一個內心充滿力量的人，也極少滋生別人打敗自己的仇怨。

心靈的寧靜，能與宇宙時空中無窮無盡的能量連接在一起，潛移默化地使人的靈魂昇華，會把一切美好的東西變得永遠充滿神祕色彩。爲了放淡自己的各種欲望，我習慣在孤燈夜靜的書案前，頭靠著鬆軟的椅背，輕輕地合上疲憊的眼睛，閉目養神，忘記自己，忘記世上困擾人的一切。在寧靜中，我的生命變得猶如滿天的輕風細雨那樣悠長、清澈、溫和，緩緩的逍遙於宇宙時空之中……

一個人要想消除心靈的煩惱，寧靜是必不可少的。如果珍愛生命，就必須修心養性。人總有一天會走到生命的終點，金錢散盡，一切都如過眼雲煙，只有精神長存世間，所以人生的追求應該是一種境界。

第二章

以佛心修超脫心

——參透放下，涅槃新生

1 超然世外，到處是逍遙我

在這個金錢主宰的世界上，是人使物還是物使人，相差天地。一個人沒有金錢，確實寸步難行，但人如果被金錢所役，也寸步難行。人在金錢面前不失理智，不悖人情，這世界片刻爲之生動；如果爲金錢所累、所役而失去身心平衡，這世界片刻化爲牢籠。人能使物，則周圍皆是友愛；人被物所役，則周遭盡是仇敵。

假如一個人能以自己的意志爲中心來操縱事物，即使成功了不會覺得很高興，失敗了也不會感到很憂傷，因爲大地廣闊，到處都是我逍遙自在的地方；假如一個人被物役困擾著身心，那麼陷入逆境必然會產生怨天尤人的憤恨，處於順境時又會死抱著所得不放，橫生眷戀之心，即使是雞毛蒜皮的小事也會使他生出被糾纏束縛的煩惱。

一九九三年，59歲的上海桑塔納集團總裁方宏跳窗自殺。這件事情不僅使人震驚、惋惜，而且使人疑惑。方宏是這家擁有五千多名員工、年產值36億元，在全國500家外資企業中排名首位的大眾汽車公司的領導人物，名利雙全爲什麼還會自殺呢？後經多方證實，方宏死於隱匿性抑鬱症。

一位深知方宏性格的朋友說，桑塔納是方總的命，年年增長的壓力使他感歎總裁難當；足球是方總的魂，他創意的「大衆足球方案」宣布籌資一千萬元，一年過去才落實二百四十萬元；妻子是方總的根，九三年年初，他妻子患了腸癌與多發性子宮肌瘤，須動大手術。

正是「命」、「魂」、「根」的困惑，使方總不能再承受生命之重。這位朋友講的方宏的「命」、「魂」、「根」，除了「根」確實是「根」之外，其餘二者均屬「物」，不應稱爲「命」與「魂」。但方宏之死其實與「根」並無直接聯繫，因爲方宏死後，他的妻子仍然活著。一個忠於愛情的人不至於在愛人有病、須動大手術之前猝然逝去。因此方宏的抑鬱只能是爲物所惑，爲物所困，爲物所累，爲物所役。這個令人痛惜的事例對我們理解爲物所役、「順亦生憂」，的確是很有警示作用的。

現實中，爲什麼有那麼多的人會感到精神疲勞、煩躁、抑鬱呢？主要是把自己看得太重，在「命」、「魂」、「根」上用心太多。其實就是在功名上的追求太多、太高，這樣的人就越膨脹「自我」。人有時候看不清自我，總覺得自己滿腹經綸，是最有才華、最棒的。持這種心態遇順境就覺得幡然如大鵬，把自己看作不可或缺的人、重量級的人，凡事總要按照自己的心意做，事必躬親，費心費力，弄出了毛病；如果遇到逆境，就會牢騷滿腹，焦慮不安，覺得全天下人都對不起他，覺得自己成了「大而無用」

的人。

「心病還須心藥醫」。人的各種壓力都來緣於社會，心理出現問題的最直接原因，就是人太注重了自己作爲社會人的屬性，忽視了人的自然屬性。如何返歸自然，看淡塵世的名利紛爭，需要的是一顆超脫的心。

2 放下心是菩提

慧告訴我們：捨得，捨得，有捨才有得。心地善良、胸襟開闊等良好的品性，才是健康長壽之本。貪圖小便宜，終究是要吃大虧的。

一則故事說，法國人從莫斯科撤走後，一位農夫和一位商人在街上尋找財物。他們發現了一大堆未被燒焦的羊毛，兩個人就各分了一半捆在自己的背上。

歸途中，他們又發現了一些布匹，農夫將身上沉重的羊毛扔掉，選些自己扛得動的較好的布匹；貪婪的商人將農夫所丟下的羊毛和剩餘的布匹統統撿起來，重負讓他氣喘吁吁、行動緩慢。走了不遠，他們又發現了一些銀質的餐具，農夫將布匹扔掉，撿了些較好的銀器背上，商人卻因沉重的羊毛和布匹壓得他無法彎腰而作罷。這時，天降大雨，饑寒交迫的商人身上的羊毛和布匹被雨水淋濕了，他踉蹌著摔倒在泥濘當中；而農夫卻一身輕鬆地回家了。他變賣了銀餐具，生活富足起來。

這就是拿得起放得下。正如我們在人生路上一樣，大千世界，萬種誘惑，什麼都想要，會累死你，該放就放，你才會輕鬆快樂一生。

縱觀一個人的人生道路，大都呈波浪起伏、凹凸不平之狀，難怪乎古人要說「變故在斯須，百年誰能持」了。

人生並非只有一處風景如畫，別處風景也許更加迷人。

當你失意的時候，你不妨好好地品味這句話所包含的哲理。翻開成功人的歷史，你就會發現可以借鑑的例子到處都是。

如果你認爲人來到世上是應該有所作爲的，那就更要重視自己的存在。每個人的生命都是偉大的、富有創造力的，只有我們常忽略這一點。生活中永遠不乏體驗與成長的機會，即便身處絕境，不也正是開闢新天地的大好時機嗎？

如果你一味沉浸在過去的回憶裏，只是在浪費生命。選擇什麼樣的生活是你自己的權力，這是別人無法取代的。如果此時此地的生活並不快樂，也不成功，何不勇敢地嘗試改變，去另闢蹊徑呢？

有的人堅持「矢志不渝」的思想，守著最初的道路不放。如果你堅信這條路是正確的，可以去堅持；如果從實際出發認爲有偏頗，應該毫不猶豫地退回來，走別的路。

一件事情未成功，不要因此輕視自己的能力。許多人之所以最後沒有成功，多半因爲小看自己，或者是方向不對。其實，每個人都有很大的發展空間。你應當重新審視自己是否應當改弦更張。

固守一處，看不到希望，會使你失去發展的機會，失掉可能的成功。人生並非只有一處輝煌，天涯處處有芳草。站在特定的時點，審時度勢，做出你的選擇，找到你眞正的生活目標。因此，你有時要從新的角度看待自己，重新找回自信心，你會發現自己有越來越多値得欣賞的地方。

唯有充滿信心，才能眞正認識自己，才能注意到生命中許多微妙的層面，拓寬視野，抓住成功的機遇，走向生命的開闊處。法國哲學家、思想家蒙田說過：今天的放棄，正是爲了明天的得到。

因此，做一個明智的人，既然「拿得起」那頗有分量的光環，也同樣應當「放得下」它，從而使自己步入柳暗花明的新天地，做出另一種有意義的選擇。這樣，我們又有什麼好惆悵或遺憾的呢？

做人要拿得起，放得下；做事也一樣，拿得起，放得下；做人拿得起，實爲可貴；

做事拿得起，實爲難得；做人放得下，是人生的眞諦；做事放得下，是生活的感悟。

生命中伴我們走過的人很多，所以我們要學會選擇眞心的朋友；生命中我們遇到的情感特別多，而眞正能陪我們走完人生的只有一個人；生命中我們經過的事情也特別多，而適合我們自己的事情只有一點點，所以我們要學會選擇。

3 須生煩惱處，悟得即菩提

佛語有云：「放下才能解脫。」困擾我們的是自己的心，而不是雜亂的生活。如果能以一顆平常心袪除心中的雜念，就會享受到一種超然。

有些事放不下，是因爲心有雜念。心中保持一片清澄，讓雜念不能滋生，才能達到一種「放下」的境界。

我們日日更新，時時自省，就會擺脫世俗的困擾，清除心靈的塵埃。所以只要我們坦然去做，就能夠保持安靜平和。

一天，藥山禪師問宗旨：「你去哪兒了？」
宗旨回答：「去遊山了！」
藥山說：「不離開這間屋子，快說！」
宗旨說：「山上的鳥兒白得像雪，澗底的游魚游個不停。」

山上鳥兒白似雪，是何等清淨純潔；澗底游魚游不停，又是何等庸碌煩囂。天下熙熙，皆為利來；天下攘攘，皆為利往。唯有心真正閑下來，放下對世俗人情的執著迷戀，才能將個人的精神提升到一個新的境界，才能感受到——「人閑桂花落，夜靜春山空」的禪境。

有一次，慧忠禪師對眾弟子言道：「青藤攀附樹枝，爬上了寒松頂端；白雲疏淡潔白，出沒於天空之中。萬事萬物本來清閒，只是人們自己在喧鬧忙碌。」人不必爭名奪利，爾虞我詐，鉤心鬥角，攪得朗朗乾坤不太平，攪得自己心中不清閒。應該覺悟本性，擺脫追逐爭鬥，歸於清閒自在。

《法句經》上有言：「莫貪莫爭。」貪得者身富而心貧，知足者身貧而心富；居高者形逸而勞神，處下者形勞而神逸。人生的苦惱是不分貴賤的，要麼你去駕馭生活，要麼生活駕馭你，你的態度決定了誰是坐騎，誰是騎者。

《列子・周穆王篇》曾記載著這樣一個故事——

周國有一個姓尹的富翁，在經營產業的過程中，把手下的僕役差遣得從早到晚奔走忙碌，連氣也喘不過來。他有一個老役夫，終日辛苦，累得精疲力竭，疲憊不堪。可是一上床，他就夢見自己做了國王，高高在上，處理國家大事，來往於豐盛的宴席和華麗的宮院之中，為所欲為，快樂無比。在他醒了之後，卻仍然勞累如故。

有人看他這麼辛苦便來安慰他，可他卻自有看法：「人生百年，晝夜各半。我白天下苦力，晚上做國王，真是其樂無比，又有什麼可以埋怨的呢？」

姓尹的富翁整天苦心經營，殫精竭慮，也弄得心力交瘁，到了晚上，倒頭就呼呼睡去了，他夜夜夢見自己在當著別人家的傭人，奔走幹活，樣樣都做，弄得不好還要挨罵挨打，真是吃盡了苦頭。

姓尹的富翁不堪夜夜夢中的痛苦，便去求教朋友。朋友告訴他說：「你的地位足以榮身，資財也綽綽有餘，遠遠超過了別人。你夜裏夢見做人家的僕傭，這是勞苦和安逸彼此往復的理數之常。你想醒時和夢裏獲得快樂，哪有這麼便宜的事？」

姓尹的富翁聽了朋友的開導，心裏立時大悟，從此寬待僕役，而自己也省卻不少勞心的事。不久，他自己果然感到減輕了不少心頭的痛苦。

世界上有許多誘惑，金錢、桂冠、權貴，都是身外之物，只有生命才是最眞實的。可歎世間大多數人似乎都不能眞正選擇是要錢還是要命，所以活得很辛苦。淨慧大師說：「苦在一切人面前都是平等的，只不過苦的方式不同而已。人活著爲什麼會感到很累很累呢？就是因爲總被種種外在的事相所迷惑，總祈求得到的越多越好，以致肩上的擔子越來越重，連步子都邁不開了。」

有一位名叫黑指的婆羅門來到佛前，運用神通，兩手拿了兩個花瓶，前來獻佛。佛陀對黑指婆羅門說：「放下！」婆羅門把左手拿的那個花瓶放下。佛陀又說：「放下！」婆羅門又把他右手拿的花瓶放下。然而，佛陀還是對他說：「放下！」

這時，黑指婆羅門說：「我已經兩手空空了，沒有什麼可再放下了，請問現在你要我放下什麼？」佛陀說：「我沒有叫你放下你的花瓶，我要你放下的是你的六根、六塵和六識。當你把這些統統放下，再沒有什麼了，你就從生死桎梏中解脫出來了。」

其實，物質財富並不是佛家弟子需要棄絕的東西，迷惑我們的不是現象本身，而是我們對現象的執著。我們生命的所有感受，大多數是不正確的。因爲不正確，我們的心不安寧，我們生活得矛盾、無奈、很亂、很苦。

我們常常去追求高於現實的東西，可是，理想往往與現實相反，渴望得到幸福的人常常越追求越遠離幸福，享樂也往往越深入越覺得枯燥無味。爲何不回轉心念，拿出部分愛心，照顧一下自我的心靈？

你不給自己煩惱，別人永遠不可能給你煩惱，煩惱只因你的內心放不下。生命的實現與生活的開展，需要寬廣的心理生活空間，因此，「放下」和「空」是每個人所必需的生活藝術和智慧。

靈泉宗一禪師有詩云：「美玉藏頑石，蓮花出淤泥。須生煩惱處，悟得即菩提。」凡有奢求必得煩惱，所以不要去追求什麼，只問自己該做什麼，這就是安分。求心安，求解脫，首先應該做明白人。知道自己眞正需要的是什麼，怎樣獲得。明白人既能努力改變環境，更能努力改變心境。

改變環境靠聰明，改變心境靠智慧。智慧的人能悟出人生眞諦，把握生活方向，知道自己的根本追求。這樣，行也安然，坐也安然，窮也安然，富也安然，達到寵辱不驚，看庭前花開花落；得失無意，隨天際雲卷雲舒。

淨慧大師說：「學佛幾十年，我對佛教最重要的體會只有六個字的體會，看破，放下，自在。」所謂的放下，就是去除你的分別心、是非心、得失心、執著心。萬物皆爲人所用，但非我所屬。我們要拋棄的是一切的執著，澹泊明心，放下貪、嗔、癡，不絕望於人生的苦，也不執著於人生之樂。

4 非我非非我

我們上古老祖宗的那個時候，人都自然，不用修道，個個有道，在道的境界。他在睡覺時「徐徐」，「徐徐」是怎麼個睡法？就是睡覺很悠然，舒服得很。難道現在的人睡覺不悠然？現在的人睡覺是很不悠然，很緊張。

爲什麼現在的人連睡覺都很緊張、很可憐，人爲什麼就不能活得自然一點？

每當你踏入山林、海濱或原野的時候，面對搖曳的雜花綠草，耳聽潺潺的流水和鳥雀的啼唱，你就會忘卻塵世的種種煩惱。甚至，你還會情不自禁地扯開五音不全的嗓子吼幾聲，脫掉鞋子在泥土小徑或河邊行走……

是啊！因爲你面對的是大自然，而不是各懷鬼胎的人。在大自然面前，你無需掩飾什麼，也不需要任何的做作，你也不會感到害羞或膽怯，更不用擔心被算計或者遭侮辱。你投身於大自然，大自然也在與你交流，這種交流是聖潔的、平等的、自由的。

但如果你面對的是社會上的人，那麼就可能不一樣了。在公司裏，你要思考上司對你的眼神或言語，要考慮同事對你的印象和感覺，甚至不關緊要的人一句莫名其妙的問話，也會讓你捉摸一番，因爲捕風捉影的空穴來風，和懷有各種目的的肆意歪曲實在太多了。即使彼此熟悉的朋友之間，也會有誤會、猜忌或種種說不出口的意見；而在陌生的人群中，你也會在意別人對你平常的或異常的注視，從而保持你的警惕，維護你的名譽和尊嚴。如此，你難免會活得不自然、不輕鬆，甚至會感到疲累。

人本就是自然的產物，來自於泥土，最終還要回歸泥土。上帝用泥土造人，女媧摶土造人，這一點倒和現代科學研究有些「暗合」，正是潮濕的泥土孕育了單細胞生物的誕生，又經過數億年的演變，才有了古猿，有了人。然後，一代又一代人就是這樣自自然然地來，又自自然然地去。既然，自然地來無法選擇，自然地去又無法抗拒，人唯一有所作爲的就是在有限的生命中，爭取活得自然一點，如同「鷹擊長空，魚翔淺底」；活得瀟灑一點，好似「山間明月，江上清風」。

活得不自然的人，老愛說一句話：活得累！這種人累就累在心爲形役，太精於算計。你總是想適應別人，迎合人群，因而你的舉止、言語往往是爲他人、爲社群設計的，你沒有辦法毫無顧忌地自自然然地表述自己的苦怒哀恨，無法肆無忌憚地流露內心情感。甚至你的穿著，也是爲著適應別人的審美情趣。見了上司，本可以很自然地打一

聲招呼：您好！可是你卻一定要極不自然地媚態十足。與下屬交談，本來可以和顏悅色，大家都輕鬆自然，你卻要板起面孔，打起官腔。開會，愛講些言不由衷的客套話、大話、假話。處世矯情、虛僞、扭捏作態、裝模作樣。財力不逮，還就愛和左鄰右舍比闊鬥富，打腫臉充胖子。相貌平平，卻硬要以美女自居，終日濃妝豔抹，自以爲得意，其實弄巧成拙，還不如素面朝天、自然本然。

也許，這就是人與人之間的一張聰明的、互爲對方織就的網。

人，要是太會「做人」，太善於表演，太講究做人「技巧」，累，也是活該！

不過，我們還是應當盡可能地掙脫出來，使自己活得輕鬆自然一些。這就需要我們保持一個把自己置身於社會像置身於大自然中那樣的心態，即兩句中國成語「旁若無人」、「毀譽不計」的境界。這樣，你就不會去想某句話說出來會有什麼影響，你的舉止言語也就會按你的心靈去表露感情；你就不會再受別人眼神的左右，更不在意別人會說好或是說壞，並能坦然解脫工作中職務、地位、條件、待遇等諸多煩惱了。

活得不自然的人，說到底，是因爲太在乎自己，總以爲天下之大，該有我表現之地，而別人對自己的認可，才是自己的成功；總以爲世界上除了自己就沒有什麼救世主，要改變世界還得自己做皇帝；總以爲自己登高一呼，會應者雲集……自己太把自己當回事，以爲沒有了自己，公司不能運轉了，社會要停滯了，世界也少了一個人才。

試問——

花兒開的時候，它是否注意到自己發出的清香能吸引路人呢？

果兒熟的時候，它是否預知到自己將爲人們提供美好食物呢？

於是，反觀我們自己，是否可以從大自然學到點什麼呢？

有時候，我們太在意別人對自己的看法，爲了給別人以好印象刻意改變自己；

有時候，我們太在意對別人的看法，有求別人改變自己；

有時候，我們上學不是爲了學知識，考研究所不是爲了搞研究，僅僅是爲了抬高自己在別人和社會心中的地位，以獲得更好的資本；

有時候，我們總是想說點什麼，卻發現自己說的和別人想的完全不一樣而受到冷落，因此傷感不已；

……

所以，別把自己當回事。以平常的心態，順其自然，做自己該做的，想自己可以想的，說自己該說的，只是別把自己做的、想的、說的當回事。是非總有評斷，公道自在人心。就算人心取不得，還有歷史，歷史如果太短，還有漫漫宇宙。只要自己活得舒坦不憋悶，活得開心不壓抑，活得自在不委屈，你管他誰去採那花兒、果兒呢？

人，來不知從何處來，去不知向何處去，來非自願，去更非本意，幾十年光景，稍

縱即逝，因而。還是卸下面具，放下包袱，人啊，活得自然一點吧！

5 算來著甚乾忙，世俗功名是苦海

爲名所囚、爲名所累——是世人之大害。

我們看全世界人類的歷史，尤其中國歷史，幾千年來每一個朝代，皇帝前面的黨派意見紛爭，都犯了這個毛病，「德蕩乎名」所謂讀書人想成大功立大業，但是名心去不掉，爲了好名而超越了道德範圍。歷史上這樣的故事太多了，都是因名心的驅使，知識份子最容易犯這個毛病，千萬要注意。

爲什麼說虛名是騙人的呢？因爲人往往只看到虛名給人帶來的榮耀，卻沒有注意虛名給自己所帶來的危害。

但是，老話說，無欲則剛。如果自己是一個能夠把握原則的人，對自己手中的權力、身邊的金錢美女，既不會恣意妄爲，也不敢肆無忌憚。之所以一步一步墜入深淵，的確是那個貪字害的。可是，虛名能夠助長一個人的貪欲。貪實利而慕虛榮，再加上不知過、不知悔，胃口慢慢就大起來。一旦忘乎所以，必定身敗名裂。在這條軌跡上，虛名常常是驅使一個人邁上不歸之路的原動力。

《資治通鑑》第一百七十七卷載——

隋文帝開皇九年（西元五八九年），開國元勳賀若弼撰寫了自己在隋滅陳之前提出的計策，卻冠上《御授平陳七策》的題目，獻給隋文帝（用現在的話來說，就是明明是賀若弼自己的理論成果，卻說成是領導隋文帝楊堅的思想，自己只擔當個「整理者」的角色——至少相當於「聯合署名」吧）。沒想到，楊堅看也不看，就對賀若弼說：「你想為我揚名（提高我的理論知名度），出發點是好的，可是我並不想追求虛名，你還是把它記載到你自己的家史中去吧！」硬是沒讓賀若弼拍成馬屁。

楊堅這個人，史書上說他不愛讀書，估計文化程度不是很高。然而，不愛讀書並不妨礙他坐天下；就像現在很多人不讀書並不影響其成爲大人物、大老闆一樣，可見讀書並不是萬能的，哪個以爲讀了書就應比不讀書的人強，就應什麼都會、什麼事都能辦成，那就很有可能到頭來像梁元帝那樣怪罪書籍了。作爲一代帝王，楊堅的業績雖然不如秦皇漢武、唐宗宋祖，但總的來說，應該算是過得去的一位。此人的優點之一就是做人「低調」，不圖虛名。

不圖虛名，在唐太宗李世民身上也有表現。《資治通鑑》第一百九十五卷載——

> 貞觀十二年（西元六三八年），著作佐郎鄧世隆上表請求蒐集唐太宗寫的文章（相當於現在的出個「文集」）。李世民說：「我的辭令，對老百姓有用的，史官都記錄下來了，足可以不朽；如果沒有用處，蒐集了又有什麼用呢？梁武帝蕭衍父子、陳後主、隋煬帝都有文集傳世，哪能挽救他們的滅亡呢？作為君主，應該擔憂的是不施德政，光靠文章有什麼用？」

唐太宗不出文集，和隋文帝不要「署名文章」頗有異曲同工之處。這二位都是政治人物，而不是文學家，當然不必也不應熱中於搞這些務虛的名堂。「署名文章」，如果是自己寫的，發表一下倒也無可非議，拿到人家的東西據爲己有，就沒這個必要了，而且容易帶出不勞而獲、貪圖虛名的風氣。唐太宗不出文集，這個考慮也是自有他的道理：他作爲一個皇帝，畢竟和普通文人不同，此事一旦「操作」不愼，便有可能加重群衆負擔，而且讓官吏們重文章而輕實績。當然，如果他不是領導者，只是一個文人，條件允許的話出上幾本書又是另當別論的事了。

一個人一旦浮名纏身，其實學問早已終結。王選說：「一個人老在電視上露面，說明這個科技工作者的科技生涯，基本上快結束了。」就是這個意思。王選還說過：「中國古代有句話，上士忘名，將名利徹底淡忘；中士立名，靠自己的成就把名立起來；下士竊名，自己不行就竊取人家的。我做不到上士，因爲我做不到忘名的地步，但是我不會爲了立名而去竊名。」有的人本來靠的就是竊名、買名，如果再不能擺脫「自戀情結」，天天還要捧著那塊金字招牌到處炫耀，與招搖撞騙也就相差無幾。這樣的「大書法家」兼「大作家」，當然令人嗤之以鼻。

蘇軾有一首詞《滿庭芳》，全詞如下——

蝸角虛名，蠅頭微利，算來著甚乾忙。事皆前定，誰弱又誰強。且趁閒身未老，盡放我、些子疏狂。百年裏，渾教是醉，三萬六千場。

思量，能幾許？憂愁風雨，一半相妨。又何須，抵死說短論長。幸對清風皓月，苔茵展、雲幕高張。江南好，千鍾美酒，一曲《滿庭芳》。

作者一開始就引用《莊子》中的一個寓言故事，以蔑視的眼光，稱爲「蝸角虛名、蠅頭微利」，進而以「算來著甚乾忙」揭示了功名利祿的虛幻，而「事皆前定，誰弱又誰強」，講明名利得失之事，自有因緣，不可與爭；但得者豈必強，而失者豈必弱，因此也無須過分介意。這首詞就告訴人們，只有擺脫了世俗功名的苦海，才能獲得了精神

的超脫與解放。

6 得失安然，雲卷雲舒

苦與樂，是兩個相反的不同概念。快樂不等於痛苦，痛苦也不等於快樂。但是，這兩者也是相依相存的，沒有苦的概念，怎麼知道什麼是樂？反過來說，沒有樂的概念，又怎麼知道什麼是苦？所以苦與樂二者，既是相反，又是相成。苦與樂在表面上看是相對立的，但實際上卻是表裏的。快樂是安立在痛苦上，解除痛苦就是快樂；反之，痛苦也是安立在快樂上，失去快樂就是痛苦。

那麼，什麼又叫做苦與樂呢？一般說，身心適悅的感覺叫樂，身心逼迫的感覺叫苦。但苦樂只是一種主觀的感受，並沒有客觀的標準。有人認爲學歷不重要，他就不會因無學歷而苦惱；有人認爲一定要有學歷，他才覺得快樂與心安，因此他只好去追求學歷。這和客觀環境並不一定有直接關係，正如一個不愛珠寶的女人，即使置身在極其重視虛榮的環境，也無傷她的自尊。因爲貧富貴賤各人有不同的標準與定義。擁有萬卷圖

書的窮書生，並不想去和百萬富翁交換鑽石或股票，滿足於田園生活的人，也並不羨慕任何榮譽的頭銜，或任何的高官厚祿。非洲災區的難童，吃到一碗米飯感覺是樂；而能夠每天面對滿桌菜肴的孩子卻以爲苦。修馬路的工人，在火傘似的太陽下工作，能到樹蔭下喝一杯水就感到樂；在冷氣房中的闊太太，卻以找不到牌搭子，閑得無聊而覺得苦。由此可見，正如大師所言的意思，苦樂全在於自己的感覺，是因人、因時、因地、因環境而有所不同。

你的愛好就是你的方向，你的興趣就是你的資本，你的性情就是你的命運。

一位疲憊的詩人去旅行，出發沒多久，他就聽到路邊傳來一陣悠揚的歌聲。

那是一個快樂男人的聲音。

他的歌聲實在太快樂了，像秋日的晴空一樣明朗，如夏日的泉水一樣甘甜。任何人聽到這樣的歌聲，都會馬上被感染，讓快樂把自己緊緊地包裹起來。

詩人駐足聆聽。

歌聲停了下來。一個男人走了出來，他的微笑甚至比他本人出來得更早。

詩人從來沒有見過一個人笑得這樣燦爛。只有一個從來沒有經歷過任何艱難困苦的人，才能笑得這樣燦爛，這樣純潔。

詩人上前問候：「你好，先生，從你的笑容就可以看得出來，你是一個與生俱來的樂天派，你的生命一塵不染，你既沒有嘗過風霜的侵襲，更沒有受過失敗的打擊，煩惱和憂愁也沒有叩過你的家門。」

男人搖搖頭：「不，你錯了，其實就在今天早晨，我還丟了一匹馬呢，那是我唯一的一匹馬。」

「最心愛的馬都丟了，你還能唱得出來？」

「我當然要唱了，我已經失去了一匹好馬，如果再失去一份好心情，我豈不是要蒙受雙重的損失嗎？」

「人生之不如意十之八九」。在很多時候，得失成敗並不會如我們所期望的那樣可以選擇。但是。生活中的苦樂全在於我們的感覺。以更率眞的態度對待發生的一切吧！

靜心大師講了一個驚喜失態的故事：

清朝時，有一個書生，每次參加縣試都不中。那時中了秀才叫「老生」，未中叫「童生」。這個書生已經過了中年，還是個童生，心裏難免不是滋味。有一年，他正好與兒子同科應考。到了放榜這一天，兒子看榜回來，知道已經錄取，趕快回家報喜。他

的父親正好關在房裏洗澡。兒子敲門大叫說：「爸爸，我已考取了！」

老子在房裏一聽，便大聲呵斥說：「考取一個秀才，算得了什麼？這樣沉不住氣，大聲小叫！」

兒子一聽，嚇得不敢大叫，便輕輕地說：「爸爸，你也考取了！」

老子一聽，便打開房門，一衝而出，大聲呵斥說：「你為什麼不先說？」他忘了自己光著身子，連衣褲都還沒穿上呢！

葉大師講了一個戰國名將廉頗失寵和受寵的故事：廉頗因事被免職，那些原先追隨他的食客都離開了。後來，廉頗重獲重用，那些食客又來找他。廉頗很生氣，對他們說：「你們快滾吧！」一位食客說：「你怎麼這樣沒見識呢？天下的事，都是按市場交易的規則辦理。你得勢時，我就追隨你；你失勢了，我就離開。這是理所當然的事，你何必埋怨呢？」

這位食客說的話也並非沒有道理。好比員工去一家公司打工，如果公司繁榮，他會在公司幹下去；如果公司倒閉了，老闆發不出薪水了，員工當然要走路。

同樣的事也曾發生在戰國四公子之一孟嘗君田文身上。孟嘗君當相國時，門下有食

客三千人。後來，國王對他起了疑心，將他撤掉，結果那些食客幾乎都跑光了，只有一個名叫馮諼的人仍然跟著他。後來，在馮諼的幫助下，孟嘗君重新當上了宰相，尊榮更勝從前。那些當初棄他而去的食客，都向他表示出很懊悔並想繼續追隨他的意思。孟嘗君很生氣，恨恨地對馮諼抱怨：「他們當初棄我而去，現在還有臉回來？誰好意思走到我面前，我一定要將唾沫吐在他臉上！」

馮諼卻勸他說：「事物有它必然的規律，事情有它本來的道理，您何必生氣呢？」

孟嘗君說：「我比較愚蠢，不明白您的意思。」

馮諼說：「活著的人一定會死，這是事物必然的規律。富貴了，賓客自然多；貧賤了，賓客自然少，這是事情本來的道理。您一定見過菜市場的情景吧？早上，人們爭先恐後地擠進去，因為裏面有他們需要的東西；傍晚，人們甩開大步走過去，不會多看一眼，因為裏面沒有他們需要的東西了。這是很正常的事情。以前，人家爭先恐後地來投奔您，是因為您這兒有他們需要的東西；後來他們離開您，是因為您這兒已經沒有他們需要的東西了，有什麼可抱怨的呢？」

孟嘗君恍然大悟，心裏的怨意頓消。後來，那些食客陸續前來投奔，他一如既往地接待他們，毫無芥蒂。

得失榮辱常常受外界因素的控制，並非人力所能改變。既然如此，我們所能做好的，就是調整好自己的心情，做到榮辱不驚，得失坦然。

麻煩別自找，天下任你行得

和朋友相聚在一起，常常聊出許多感慨，如人生的無常、心靈的空虛等等，最終聊出一個共同的困惑，即豐衣足食了，我們活著還有什麼可追求呢？相信一般人的回答中多以平安、健康、功成名就、婚姻美滿、生活幸福等爲努力的目標。倘若再進一步追問道：這些目標都實現了之後，你會有什麼感覺呢？心滿意足吧；那心滿意足之後又是什麼樣的感覺呢？

其實，許多事乍看上去十分複雜，然而如果將它一層層剝開後，便會赫然發現原來如此簡單。所以，莊子的觀念認爲，自己的價值沒有實現，也沒有好好活在這個世界上，都是自己找的麻煩。

我們追求這追求那，財富有了，功名有了，生活幸福了，這時內心深處的感覺到底是什麼？認眞簡單且誠實地回答，恐怕是「快樂」二字，如此說來，人生所追求的豈不是「快樂」嗎？

英國有一組心理學家，設法尋找使人快樂的公式，最後決定以「不要找麻煩」作爲他們研究報告的標題。

假如將這句話引伸開來解釋，那「不要找麻煩」其實包括兩方面的涵義，一是不找別人的麻煩，這樣的解釋容易被接受和同意。

另一個解釋是不要找自己的麻煩，這一層往往被忽略，或根本沒有認知，於是最後導致我們不快樂的罪魁禍首，就是——「給自己找麻煩」。

職業女性承擔的家務事過多了，常使自己感覺委屈，甚至心理不平衡，積少成多，輕則埋怨，重則憤怒，難免會影響生活情緒；

男性在社會上爲表現自己的能力，對人對事做過多的承諾，結果壓力愈來愈大，如果到了不堪負荷的程度，這時不要說輕鬆快樂不起來，嚴重的話還會得病。

這些都是「給自己找麻煩」引起的。

從前，有位叫明慧的和尚，住在深山一座寺廟中潛心修行。每次打坐入定時，明慧眼前都會有一隻大蜘蛛，張牙舞爪地來跟他搗蛋，他雖然不害怕，但是卻無法靜下心來修行。

於是，明慧十分苦惱地去向祖師求教：「師父！每次我一入定，大蜘蛛就出現了，無論我怎麼趕它，它也不走，請師門指點弟子迷津。」

祖師驚異地說道：「啊，有這種事情嗎？這樣吧，下次你入定的時候，拿一支筆，等蜘蛛出現時在它肚子上畫個圈，看看它是何方怪物，我好為你斬除它。」

明慧和尚下一次入定的時候，果然事先準備了一支筆，等蜘蛛一出現，他飛快地在它肚子上畫了一個大紅圈。蜘蛛一點防備也沒有，倉皇地逃走了，他這才安然入定。

然而，待他出定一看，赫然發現自己肚子上有一個大紅圈！明慧和尚恍然大悟，原來阻撓自己修行的就是自己啊！

你了解戀母情結嗎？有個兒子深愛母親，甚至把母親當成女朋友，怕別人搶走，希望自己的女朋友整容變成母親的模樣，母親死後，他把母親生前叫他回家喝湯的電話搞成錄音，時而拿來聽，然後會對別人說：「我母親叫我回家吃飯了……」

你知道一個深愛丈夫但又忍不住出軌的妻子的心情嗎？有個女人，雖然深愛丈夫，但因爲婚姻的沉悶，不得已與一個浪漫的男人相好尋找久違的激情。但因爲對丈夫的負疚，她回家看見婚紗照後，居然完全沒有了出軌那天的記憶……

你知道精神分裂症嗎？有個女人，白天是個保守的白領，夜晚是個放蕩的飛女。內心的雙重性格，使得她不得不進行日與夜的自我對抗……

世間本無事，庸人自擾之。世間太多紛擾，我們都不應有心理負擔，雖然，人在江湖，身不由己。我們能做到的就是，豁達一點，開朗一點，通透一點，僅此而已！

如何做到，方法就是卸載心靈，簡化生活。

然而，曾幾何時，對於現代都市人，「簡單」成了一種奢求。

「簡單」像水，表面單純，卻內涵豐富，每個人都認識她，可不一定每個人都了解她。「簡單」是解決問題最有效的方法，特別是複雜的問題。

一家著名的培訓機構給跨國公司的白領們上的第一堂課，是在黑板上畫一個圈，然後問：這是什麼？這些商界精英們充分發揮聰明才智和想像力，七嘴八舌地討論起來。有的說這是月亮、有的說這是輪胎、有的說這是月餅、有的說……老師給出的答案：這是一個圓圈，僅此而已！

很多問題就像這個圓圈，看上去紛繁複雜，其實都是些表象，甚至是假象，本質卻很簡單。庸人面對這些問題，不但解決不了，還會使問題更加複雜；能人遇到這些問題，通過一系列的方法和手段，最終解決了問題，這也是一種本事；睿智的人遇到這些問題，先是仔細地觀察，冷靜地思索，直到洞悉問題的核心本質，出招一針見血，直指要害，解決了核心部分，其他問題便迎刃而解了。像這樣，用簡單的方法解決複雜的問題，是大智慧！

「簡單」是一種生活態度。人類從原始社會發展到現代社會，生活方式由單調乏味變爲豐富多彩；生活關係由眞誠純樸變爲複雜難辨；生活目標由單一活著變爲物欲膨脹。現代都市人都在爲自己心中美好的生活努力拼搏，不惜透支身體、放棄感情，這也放不下，那也想不開，辛苦受累一輩子，臨終了卻是「死去原知萬事空」。其實不用這麼辛苦受累的，因爲生活的眞諦幾千來一直沒變，那就是簡單而充實地活著！簡單地生活，可以放下一切，不必自尋煩惱；簡單地生活，可以順其自然，無爲而爲；簡單地生活，可以發現周圍的一切都是那麼美好，只是我們沒有感覺。

「簡單」是人生的境界。有人將人生境界分爲三，一是「看山是山，看水是水」，二是「看山不是山，看水不是水」，三是「看山仍是山，看水仍是水」。

第一種境界應該是在稚嫩的孩童時代，純潔如白紙一張，人們告訴他是山便是山，告訴他是水便是水，從沒有任何其他雜念；第二種境界應該從步入社會這個大染缸開始，經歷了許多事，遇到了挫折，受到了欺騙，發現世界遠不是想像中那樣眞實，有時也會黑白顚倒、是非混淆，於是開始懷疑、憂慮、憤怒，甚至主動地顚倒黑白、混淆是非，所以不再相信看到的，指鹿可以爲馬，伸手可以胡來，山再不是山，水再不是水了。人若只到這層境界，就像鑽入了死胡同出不來，可就苦了這條性命了。好在有人及時地捫心自問、自我反省，終於茅塞頓開，返樸歸眞。走到了第三種境界發現簡單的人生才是眞正的人生。「菩提本無樹，明鏡亦非台，世間無一物，何處惹塵埃」，只要你不刻意去看得複雜、想得複雜、做得複雜，山還是那些山，水還是那方水。

簡單，其實也不簡單，值得我們靜下心來，認眞地、細細地去品味、去感悟！

8 笑口常開，氣從何來

人生的複雜性使人們不可能在有限的時間裏洞察人生的全部內涵，但人們對人生的理解和感受領悟又總是局限在事件的啓迪上。比如：做人不能太認眞便是其中一例，這正是有人活得瀟灑，有人活得累的原因所在。太認眞就成了保守，成了固執，導致自己不得解脫。

比如，現在有一些單身男女（其中多爲女性），自身各方面條件不錯，工作事業有成，就是個人問題老是解決不了，解決不好。究其原因，大多是預先設定的、找對象時的要求太死板。如不要介紹的，要自己生活中認識的；要求對方的年紀、長相、工作條件、經濟收入等等，都過於死板。當我們不能以比較有彈性的方式來處理個人生活的時候，自己設置的條件把自己限制死了。沒有了迴旋餘地，自然也少了選擇。

人不要一條道路走到黑，一個死理認到底。天下沒有過不去的河，也沒有解決不了的問題，關鍵是看你自己怎樣去看待。自己不一定擁有眞理和正確，他人持不同意見時，也可能是對的，或有部分道理。

做人不要太認眞，非指對工作、對情感、對他人採取不負責任的態度，而是指對人事不要採取過分挑剔的態度。指出這一點，是因爲當今對他人挑剔批評的人太多，而能以較寬容的態度對人對事的，又委實不夠多。

古今中外，凡能成大事的人都具有一種優秀的品格，就是能容人所不能容，忍人所不能忍，善於求大同存小異，團結大多數人。他們極有胸懷，豁達而不拘小節，大處著眼而不會目光如豆，從不斤斤計較，糾纏於非原則的瑣事，所以他們才能成大事、立大業，使自己成爲不平凡的偉人。

有位同事總抱怨他們家附近超市的店員態度不好，像誰欠了她幾百萬似的，後來同事的妻子打聽到了店員的背景：丈夫有外遇離了婚，老母癱瘓在床，上小學的女兒患氣喘病，每月只有一點的薪資，住在一間十坪大的房間。難怪她一天到晚愁眉不展。這位

同事從此再也不計較她的態度了，甚至還想幫她一把，爲她做些力所能及的事。

在公共場所遇到不順心的事，實在不值得生氣。素昧平生的人冒犯你肯定是別有原因的，不知哪一種煩心事使他這一天情緒惡劣，行爲失控，正巧讓你趕上了，只要不是侮辱了你的人格，我們就應寬大爲懷，不以爲意，或以柔克剛，曉以大義。

總之，不能與這位與你原本就無怨無仇的人瞪著眼睛較勁。假如眞的計較起來，大動肝火，刀對刀、槍對槍地蠻幹起來，釀出個什麼後果，那就吃不消了。跟萍水相逢的陌路人計較，實在不是聰明人做的事。假如對方沒有什麼知識水準，一計較起來就等於把自己降低到對方的水準，很沒面子。另外，對方的觸犯從某種程度上是發洩和轉嫁痛苦，雖說我們沒有分擔他痛苦的義務，但客觀上確實幫助了他，無形之中做了件善事。這樣一想，也就放過他，放過自己了。

清官難斷家務事，在家裏更不要斤斤計較，否則你就愚不可及。老婆孩子之間哪有什麼原則、立場的大是大非問題。都是一家人，非要用鬥爭的眼光看問題，分出個對錯來，又有什麼用呢？人在公司、在社會上充當著各種各樣的既定角色，恪盡職守的國家公務員、精明體面的商人，還有工人、職員，但一回到家裏，脫去西裝皮鞋，也就是脫掉了你所扮演的這一角色的行頭，即社會對這一角色的規矩和種種要求、束縛，還原了你的本來面目，使你盡可能地享受天倫之樂。假若你在家裏還跟在社會上一樣認眞，一切都要照規矩，每說一句話、做一件事還要考慮對錯，顧忌影響、後果，計量再三，那不僅可笑，也太累了。頭腦一定要清楚，在家裏你就是丈夫、就是妻子。所以，處理家庭瑣事要採取「和平」政策，安撫爲主，大事化小，小事化了，和稀泥，當個笑口常開的和事佬。

待人接物太認眞的人，往往有不黑即白、不對即錯的人生觀，並認爲自己有原則性。這種人很難擁有一種更爲綜合的觀點，即灰色區域。其實世界上很少事物是絕對的黑和白、絕對的對和錯。大部分情況，是處於這二者之間，即灰色領域內。

現代心理學研究認爲，能接受並使用灰色區域的人，實際上是更爲成熟的人。當我們認爲自己是絕對的對、他人是絕對的錯時，我們就已經走到事物的反面，與錯誤爲伍了。縱觀當今家庭婚姻關係、人際關係、群體和種族關係、國家關係，有不少都是這種對他人的絕對否定帶來的更爲深刻的矛盾衝突。

比如，婚姻中有不少劇烈衝突或離婚的人來進行心理輔導，多半對配偶心懷怨恨，有的還將其說得一無是處。然而，那些因爲喪偶來進行心理輔導的，多半把對方描述爲一個近乎完美的人。

你在上網看看評論。有的人，貌似認眞，對他人用的一個錯字，或一句話，又批評又指責，窮追猛打，尖酸刻薄，似乎全世界的眞理都在他那一邊，而從根本上忽略文章

的全文和作者的本意。這也是極端死板的表現之一。這類人，在他那道貌岸然的下邊，實際是扭曲的心態和做人的強烈的自卑，以及對他人的不寬容和不尊重。

另外，據觀察，當我們指責別人時，也許我們當時當地是對的，但如果換個時間地點，我們自己也會做同樣的事，犯同樣的錯誤。既然如此，我們何必要那麼認眞去追究，幹嘛不能對他人寬容一些呢？

活著不要太認眞，不是想鼓勵不認眞的態度，而是想指出做人做事太死板、不善變通，不寬容，太拘泥小事細節，不讓人，不從他人角度考慮問題，只能導致人際關係的緊張，把自己的視野變得狹隘，把自己的心態變得負面，同時也讓身邊的人不愉快。

第三章

以佛心修因果心

——前世因緣，今生果報

1 一切業因，必得業果

佛教平時所講的有因必有果、善有善報等，其實講的並不是某一次因必得一次果，且不多也不少，而是講因與果之間的能量是永恆不變的，即你一生之中施出的總因在宇宙中是不會消失的，是不增不減的，雖然存在種物質因得精神果的現象，雖然存在熵的熱量遞減，但總因能量是絕不會減少的。正因爲如此，佛陀才敢肯定地說，一切業因，必得業果。種了因，必有報應。

一個父親幹了一身壞事，他活到了九十歲才死去。他一生作惡多端，給社會、家庭施了無數的惡因，那他種的這些惡因幾乎沒有回報到他自己身上，那究竟到哪去了？

也許是下一代，也許是下下一代，也許已轉化成宇宙之中的其他存在形式了，這種惡並沒有眞正徹底地消失。

因果二字，是一切聖凡出世間都逃不了的。因果分爲染淨兩類。諸佛菩薩修因證果，修的清淨因，修的菩薩行，發的菩提心，所以證到的是佛菩薩的果位，得到的是清淨的果；而我們衆生造的是污染因，結的是污染果。

佛教認爲人生痛苦和社會混亂的根本原因就在於人有無明。而無明中最根本的結症就是不明因果、不信因果、不按照因果的規律，去行善積德，去按規律辦事。

我們仔細想一想，現在所面臨的種種問題，如生態環境的破壞，土地的沙漠化，氣候的反常，社會的動盪不安，人心的陋劣不堪，精神病患者的激增，自殺現象的頻頻出現，恐怖活動的猖獗，地區衝突的不斷，核戰爭的恐怖等等，有哪一樣與對因果的無知沒有關係？都是在因果上，沒有好好地去體會，才造成了我們現在極爲被動、極爲無奈的現實。

比如沙塵暴來了，我們能有什麼辦法？就只有躲在屋子裏不出來。躲在屋子裏不出來也不行呀，窗戶有縫，門有縫，它還會襲擊進來。它是怎麼造成的呢？我們找找原因，很容易找得到。再如環境污染，大家走在街上，總是覺得這裏不乾淨，那裏是垃圾，這個不文明，那個不道德，這些是怎麼來的？原因也可以找得到。不但有他人的原因，也有自己的原因。我們自己覺得這個環境髒得不得了，同時我們也是這個髒環境的製造者之一。

所以說，因果既是一切事物存在的一個普遍現象，也是造成我們身心是否乾淨、環境是否淨化的根本原因。

在這裏，佛教講了兩件事，一個叫正報，一個叫依報。用我們現在的話講，正報好像是我們每個人的小環境，就是我們的身心世界；依報就是我們所依賴的外在的物質世界。這兩個世界、兩個環境、兩個果報，都是我們自己的業因所感召的。要改造這兩個環境，只有從內心做起，這才是關鍵。所以佛教講，我們要做到依正莊嚴，小環境要莊嚴，大環境也要莊嚴。

因此，要想從根本上改造人生和社會，我們就必須深信因果，要證實因果，用因果的規律來分析問題，並且找到合理的解決方法，這就是我們走出困境的唯一途徑。

所謂困境，既包括我們個體生命的困境，也包括整個的社會困境。我們個體生命有困境，那就是我們的生存煩惱。我們的社會有困境，那就是諸多的社會問題。要解決這兩方面的問題，必須從因果上下手。世間是人自己弄髒的，還得靠我們人還它以清淨。

要清淨世間，首先我們每個人要先清淨自心，要用因果來規範自己的心念和行爲。人只有在認識並深信因果的前提下，才可以做自然的主人，才可以做命運的主人。如果不信因果的話，那就只能永遠地做自然的奴隸，做命運的奴隸。

總之，命運是什麼呢？就是我們過去種下的因，過去種下的因，現在必然要受這個果報。

了解因果規律的目的是爲了提高人生修養。人生修養主要由德和智組成，德在先，智在後。人生修養最關鍵的就是要講道德，要過完善的道德生活。

若能遵守這些修養的規範，就個人而言，他就可以擺脫痛苦和煩惱，獲得幸福圓滿的人生；就社會而言，就可以普遍地提高人們的道德水準，淨化社會風氣，促進人類和平，保護生態環境以及建設人間淨土，其意義和價值是非常巨大的。所以，善心的選擇對所有的人來說，都是至關重要的事情。

另外，看風水能否改變命運？有不少人，見到親戚或朋友的運程有種種阻滯之時，都會勸他（她）說：不如看下風水啦！改一下運程啦！

看風水是否能眞正改善命運呢？不錯，看風水是可以使貧窮的人變成富有，可以使多病的人轉成健康，可以使運程阻滯的職員得到加薪或升職，亦可以使蝕本多年的公司變成生意興隆，更甚至可以使反目的夫婦回心轉意……

風水在表面上看來是可以改善命運的，但是，絕大部分的人都會忽略其中一句含有深奧哲理的名言——福地福人居。

這句話的意思是：天下任何一塊好風水的福地，都是有福氣之人才能夠居住進去。福地亦就是好風水的住宅。換句話說，沒有福氣的人絕對不可能居住到好風水的福地。

這個福氣是如何得來的呢？一是有生俱來的（即外因帶來）；二是今生積善修德所得的。前者是先天的運數，後者是後天之補救而得。事實上，風水改變命運只是表面上的現象而已，它是有一定的根源的。

風水能夠改善命運，最大的兩個根源是：一是應先天外因之運數而改變命運。二是應後天之內因積善（善因）報應而改善命運（得善果）。

歸根結柢，眞正能夠改善命運的，不是風水，而是因果兩字。因爲，無論是先天之運數，或是後天的修善積德，都是種下善因所得來的善果。

人一生不論是爲了自己的幸福，還是爲了子孫後代的幸福，就應該多種善因，少種惡因。現在社會、宇宙之中由於人類的自私和無知，造成一系列的錯位，從而種的善因越來越少，而相對種的惡因卻越來越多，人生的危機感越來越重，若要改變這宏觀的因，就得多種宏觀的善因。

每個人都貢獻自己的一份善，當善因到達一定程度後，人類的幸福總能量就會大大提升，雖然不能保證每個人都幸福，但能保證幸福總水準會比以前大大提升。

2 因有因相，果有果相

因果律有無數種形式，但都是從四個最基本的定律而展開的。即先因後果、有因必果、正因正果和轉因轉果四個定律。

在此，我們開始講先因後果定律。

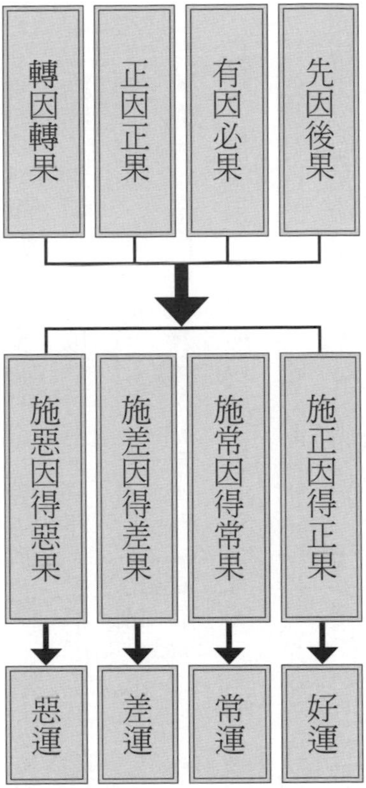

首先，我們得了解什麼是因果聯繫。任何現象都會引起其他現象的產生，任何現象的產生都是由其他現象引起的，這種引起和被引起的關係，叫做因果聯繫。

在因與果兩者之間，因總在果之前，這一點不證自明，我還從沒有看到因在果之後的現象。

當然，這裏講的因果是指一對直接相關的有邏輯承接關係的因果，不是假因假果。

我們之所以會認爲「惡人有好報、好人遭惡報」正是把因與果的正對應關係搞混淆了，把張三種的因戴到李四身上去了，從而產生了誤解！所有認爲因果律不靈的人，問題都出在這裏，都出在張冠李戴這個問題上。他們之所以出問題，是因爲他們沒有深入了解眞正的因果關係是什麼，沒有了解因與果的原配關係！

一滴墨汁滴入水中，它會馬上擴散開來，而擴散開後的墨汁卻不可能自動聚集起來。只有「高堂明鏡悲白髮，朝如青絲暮成霜」，而不可能有「暮如霜雪朝轉青」，「千金難買少年時」，「人不可能踏進同一條河流」！

天下萬物的這種不可逆的運動是一種常態，時間不可逆，生命不可逆，事物發展不可逆，可逆的單擺運動只是運動中的一個特例而已，絕大多數運動都是不可逆的，宇宙不可逆，動物不可逆，植物也不可逆，一棵大樹不可能長大後又能長小。

這一切都說明，世界的萬物都是有運動方向的，基於此，我們在揭示物質的因果兩個要素時，從因到果也是有方向的，而且也是不可逆的。一定是先有因才會有果產生。

一切法不出因果，果之所以成爲果，必有其因，但因有因相，果有果相，果不即是因的；可是果是因的果，也非絕對的差別，所以又是不異因的。不一不異，就是因果各有他的特相，而又離因無果，離果無因的。因果關係的不一不異，即諸法的實相。

這裏能說明一個問題，即這是一個必然的世界，而不是偶然的世界。

正因爲必然，正因爲種了因，就必然會結果，所以這世界上的一切才能正常運轉，人才會去努力，才會去爲追求美好而付出積極的行動，天地才有公道！

如果這個世界的一切運動都是偶然的話，那結果也會變得偶然，那麼誰又會再去努力呢？動物、植物、人類、文化等等又哪還會有傳承和邏輯呢？又哪還會可以認識和把握呢？若那樣，一切都變得不可知，簡直不可想像！

假如這世界，不是先因後果，而是先果後因，那麼一切都將變得失去邏輯，一切都是不可知論。

你要想將來瀟灑些，今天就要痛苦些，有道是：寶劍鋒從磨礪出，梅花香自苦寒來。現在我們就應該播下希望的種子，用辛勤的汗水去澆灌出成功的花朵。激烈殘酷的競爭早已開始，這裏雖然不是硝煙彌漫的戰場，但一樣需要勇往直前的拼搏；這裏雖不是奧運賽場，但一樣有成功的金牌在閃耀。在人生關鍵的時刻，你們應該把握好人生的航向，堅持到底，永不放棄，直至成功！

我們做人做事一定要記住，先因後果是因果律中，最基本的特徵之一。

3 諸法因緣生，諸法因緣滅

正因爲我們在種因之前，就知道必然會結果，所以我們才會對人生充滿希望，才會活在等待之中，活在期望之中，我們才會對親人付出愛，對朋友盡力幫助，對領導盡忠，因爲我們都會深信有一個結果會在不久的將來等著我們。我們的一切付出其實都是直指將來出現的那個結果的。若只有因沒有果，誰還會付出呢？我想，一個人都不會有的。我們必須全面理解和把握因果聯繫。

因果的定律還有兩個特徵——

因果特徵一：不消滅。因果不會消滅，除非你不做因，如果做了，不論好惡，種子永留識中，不會壞滅，遇緣便起現行，遭受果報。如果做了惡因，要想不受惡報，那是沒有辦法的；另有人必定會想，你講因果可以轉變，似乎不合佛法道理，佛法是講有因有果，因果定律是不消滅的，你爲什麼說因果可以轉變呢？對！因果定律是不能消滅的，經中也有一首偈說：假使百千劫，所作業不亡，因緣會逢時，果報還自受。意思是說：假若過了百千劫那樣長的時間，各人所造的罪業是不會消滅的；須知道因與果的中間有個緣，因與緣會逢的時候，果報還是自己要受的。

因果特徵二：不抵消。假若過去作惡很多，現在做出很多的善來抵消也不可能嗎？對！因爲因果定率是無法抵消的。善有善報，惡有惡報，是一定的道理，好比一塊土地上同時種下瓜種，亦種下豆種，後來瓜種一定生瓜，豆種一定生豆，瓜不會消滅豆，豆亦不會消滅瓜。善惡不相抵消，已種惡因，分受其報，不可以爲再做點好事，就可把這應得之罪抵消去。不過多做善事，多增善緣，使惡報由重轉輕，所謂重報輕受，這是有可能的；同時由於善緣增多，惡緣漸減，也是使善果速疾成熟的最好辦法。可見欲從好的因緣，得到好的果報，人生在世，多做善事，還是極爲需要的。

因果聯繫的特點或構成條件是先行後續的關係，是引起和被引起的關係。這一點是因果聯繫的本質特點。

以上兩個特點也是構成因果聯繫不可缺少的條件，如果只具備先行後續，不具備引起和被引起的關係，就不是因果聯繫。

另外，我們還得明確了解如下因果聯繫的幾個誤區——

誤區之一：凡是相繼出現的現象，都具有因果關係。

分析：事物之間要構成因果聯繫，必須同時具備先行後續、引起和被引起這兩個特

點，而引起和被引起的關係是構成因果關係的本質特點。因此，相繼出現的現象，即具有先行後續的關係，不一定能構成因果關係。

例：晝夜交替，它們是先行後續的關係，但不是引起和被引起的關係，夜不是晝引起的，它們是地球自轉的結果，因此它們不是因果聯繫。

誤區之二：事物的因果關係是事物的必然聯繫。

分析：事物的必然聯繫是指事物發展中必然要發生的確定的聯繫，即事物發展中確定不移、必然如此的聯繫，但因果聯繫之間不一定存在著相互之間必然如此的聯繫。

例：無風不起浪，風和浪之間就不存在上述聯繫，風不一定只引起浪，浪也不一定就是風引起的。因此事物的因果關係不一定是事物的必然聯繫。

誤區之三：原因和結果可以任意轉化。

分析：在每一事物的具體因果聯繫中，原因和結果有嚴格的區別。原因和結果只有在一定條件下才可以相互轉化，若條件不存在就會發生倒因爲果、倒果爲因的錯誤。

例：在國際社會，侵略者的侵略是原因，被侵略者的奮起反抗是結果。如果倒因爲果，侵略者的侵略說成是結果，那就是十分荒謬的了。

誤區之四：事物的因果關係都可構成互爲因果關係。

分析：在事物的因果關係中，並非任何一種因果關係都能構成互爲因果關係，只有

一部分事物的因果關係才能構成互爲因果關係。因爲，互爲因果關係的轉化需要具備一定的條件，條件不具備就會發生認識邏輯上的矛盾，甚至導致一些荒謬的結果。

例：在小麥生長過程中，揚花授粉是原因，灌漿成粒是結果。如果把二者互相顚倒了，就會成爲笑話。

人生最大的敵人是自己，最大的恩人也是自己，自己可以開創人生光明美好的一面，亦可把自己推墮苦惱的深淵。

無論你是人間顯貴、貧賤，或天上帝王，一律要對自己的言行負責。佛教與一般宗教的不同，即在否定外在的主宰神，重視自己的淨化，從自己的信仰智慧行爲中，達到人生的圓成。確信自己身心行爲的價值，即達到否定神權等它力，而成爲人定勝天的勇猛丈夫。

例如，以老師爲主，那麼老師就是因，學生就是果，相反的如以學生爲主，那麼學生就是因，老師就是果。這是同時互存的因果關係。這種因果關係，非常錯綜複雜，從這一角度來看，這一因會產生這一果，但是從另一角度來看，這一因會產生另一果。

總之，通過正面和反面來說明，事實上是沒有一個絕對的因，當然更沒有一個絕對的果。所以世界上的萬事萬物，從來就是這樣的，從時間上來說，由於無數的異時因果

連續的關係，從空間上來說，無數的互相依存的關係，組織成爲一個極其錯綜複雜的羅網相互交錯。這就是因因果果，果果因因，相續不斷，就叫做因果規律。也就像旋轉火輪一樣流轉不停，終而復始。

講因果而又不落宿命，改善命運的理論基石，則是「緣起論」。佛陀在菩提樹下，夜睹明星，證悟一切萬有都是從因緣所生起的，沒有一件事物能夠例外；所以諸法因緣生，諸法因緣滅，緣起性空，性空緣起，就成爲一條永久不變的定律；佛就叫這定律爲「緣起」。緣起的人生宇宙，是一個處處關聯的關係之網。

萬有都是緣起相關的，宇宙間沒有一件事物，可以離開別的事物而單獨存在；社會上也沒有一個人，可以離開其他的人而單獨存在。個人既需要社會群衆的助力才能夠生存，也就應該貢獻自己的能力給社會群衆，去幫助別人的生存。人人爲我，我爲人人。一切來自群衆，一切還歸貢獻給群衆。不要把私人的利益看得太重，而忘記了自己所依存的社會群衆。而應該將個人融化在社會群衆中，去爲社會群衆服務謀福利，明白緣起的道理，才能眞正的無我爲人，互助合作。

業這個字，就是行爲或造作的意思。凡是有意向的任何行爲，出自身口意的，都可以叫做業。一般人所說的，一切善或惡的行爲，都可以構成業。換句話說，業可以解作道德或不道德的意志力，即一切意志力的動作反應或結果。業這個字也可解釋爲因果。

業既是意志力的反應，那麼，由意志力造作的善惡諸業，這些業的種子，都藏在阿賴耶識中，種子遇緣會現行的，到現行時果報分明，一定善因得善果，惡因得惡果，即所謂業力不滅的因果律。《雜阿含經》說：

你所播下的種子，
你便由此收到同樣的果子；
作善的人收到善的，
作惡的人收到惡的；
播出來的是什麼種子，
你便嘗到什麼果子。

上面說的正是業力的因果律，是人人自作自受，誰也不能代替。你有了這個結果，就是那個因種而來。好比種子生出了果子，果子就是從那種子而來。這正是因果不昧，果一定是從因中的種子，開花結成的。我們理解一下佛學中的「業、緣、果」——

佛陀教人信業力，信因果，依業力的因果律說業報有三時業：一是順現受業，即現生造業，而現生就受果報。二是順次受業，即現生造業，而次生受果報。三是順後受業，即現生造業，而二生或多生後受果報，這就是從過去、現在、未來三世，說明因果是不會消滅的。

如是因得如是果，善有善報，惡有惡報，就是業力因果律的定理，誰也不能逃避。只有把握純正的意志力，使行爲純善，有慈愛、容忍、寬恕、不爭、不執的美德，向利他的善業去努力，幸福的花果才能成熟。

因緣生萬法，是佛法中重要的理論，由於因緣，而說果報。因是事物的本源，緣是一種助力或條件，果報是後來的結局。由因得果，全是緣的力量助成，所以緣對於因的關係之重要，是值得我們注意的。

緣，是指一切事物之間生起一種互相交涉的關係。佛教把這些關係加以研究分析，可以心、色二法分別論之。心法依四緣生起：一是因緣，亦名親因緣，即自心中業識的種子，彼爲成熟心法之主因，故名親因緣。二是無間緣，亦名等無間緣，即眾生攀緣的心、前念、後念接續不斷，故名無間緣。三是所緣緣，指眾生心念所攀緣的對象，經云：心本不生，因境有緣，故一切外境皆爲所緣之緣。四是增上緣，除前三種緣外，其他所有增加上去的力量，皆名增上緣。此四緣生法，譬如會抽菸的人，想抽菸是出於自心中習氣的種子，即是親因緣；抽菸的欲念不斷即是無間緣；得遇見了香煙即是所緣緣；煙癮大發即是增上緣；此四緣成熟了抽菸的行爲。色法依二緣生起：一、親因緣，比如一粒椰種具有能生椰樹爲因，是最有親切的關係名親因緣。二、增上緣，比如肥沃的泥土以及陽光、空氣、溫度、水分等等幫助椰種發育長大的助力，名增上緣。世間一切諸法的生起都離不了這四緣的關係。

果報的果研究起來，也可分成現果、來果、後果這三種。所做的善惡之因，在這一生成熟招果的叫做現果；在來生成熟的，叫做來果；在後後多生成熟的，叫做後果。

這是從三世的時間上，說明因果是每一事一物生長和成功的必然性，有如是因，招如是果，其間關係雖極複雜，而是有條不紊，毫釐無差的。

同時果報所以有現生成熟的，有來生成熟的，有後生成熟的，其原因約有二種——一是因的力量有遲早，如一粒瓜種和一粒桃種同時種在地下，瓜種當年生成可結瓜果，而桃核出生，須經三四年才能結桃；二是緣的力量有強弱，如四緣並進，條件具備，成熟自然早些，否則助緣只有一種兩種，力不充足，或因土壤不良，或因陽光不夠，空氣缺乏，那麼這瓜或桃的成熟，自然又要延遲了。

有些人不明白因緣果報的定理，就懷疑因果倘是可靠的，如何眼見世間許多作善的好人，不得好死，或受苦報？而那些作惡的壞人，反而晨夕享樂，過著很富裕自在的生活呢？這道理憑三世因果的眼光看來，是很簡單的，即好人今生受苦報，因他過去所種的惡因，今已緣熟，須先受苦果；而今生雖然做好事，善因薄弱，善緣未熟，要待來生，才受好果。

反之，惡人作惡反得好報，亦是這個道理，因他過去種的好因已熟，先享福報，今

生所造的惡因，業緣未熟，苦報還在來生，任他怎樣也逃不了的。因果到頭終有報，只爭來早與來遲，這話是值得我們玩味的。

因果報應，命自我立，是眞是假，我們不妨親自試驗，所謂事實勝於雄辯。

4 正因正果，佛魔兩重天

常言道，種瓜得瓜，種豆得豆；種善因得善果，種惡因得惡果；善始善終；好人自有好人扶，惡人自有惡人魔；以心換心，以愛換愛等等都揭示了因果律中的因果正反對應規律，即施了正因在前，則必得正果在後，反之亦然。

要知道，知識是學出來、能力大都是練出來的。要知道梨子的味道，你無論看了多少本書上的描述，你都不會眞正知道梨子的眞實味道，除非你親口嘗嘗。口才也一樣，只有不斷地訓練，在任何時候任何地點對著任何人訓練，在訓練中你才會逐步懂得別人最愛叫什麼，你還欠缺什麼，否則，你永遠也無法迅速提升你的口才。

從這個因果定律中，我們更加深了對世界的認識，更加深了對人生的做人、做事的認識，更堅定了我們的世界觀、人生觀、事業觀、愛情觀、生活觀、健康觀等等認識。它使我們深知：上天自有公道，付出必有回報，開卷必有益，好人必有好報，惡人必有惡報。

現在我們知道種什麼因就結什麼果，種正因就結正果，因此，在生活中，我們若遇到不開心的人、事、物，我們要想改變命運，就得朝正面想，就得遇事多往好處想。

一位秀才進京趕考，住在一家旅店裏。考試前兩天的晚上他做了三個夢——

第一個夢是自己在牆上種白菜；第二個夢是下雨天他戴了斗笠還打著傘；第三個夢是見跟心上人脫光了衣裳，躺在一起背靠著背。

這三個夢意味著什麼，秀才摸不著頭腦，第二天他便去找算命先生解夢。

算命先生聽完他訴說三個夢後一拍大腿對他說：「我看你還是打道回府吧，沒有什麼希望了。你想，高牆上種白菜不就是白費勁嗎？戴斗笠打傘不是多此一舉嗎？跟心上人脫光了躺在床上卻背靠著背，不是沒戲唱了嗎？」

秀才一聽，心一下子掉在冰窩窿裏涼透了，回旅店後便收拾包袱準備回家。店老闆感到有點奇怪，問他還沒考試怎麼就打退堂鼓了？

秀才如此這般地把算命先生給他解的夢說了一遍，店老闆聽了，反而笑了來：「依

我看來，這次你一定要留下來，你這次大有機會。你想，牆上種白菜不是高種（中）嗎？戴斗笠打傘不是說明你這次有備無患嗎？跟你心上人背靠背躺在一起，不是說明你翻身的機會就要來了嗎？」

秀才一聽，覺得挺有道理，於是一改心灰意冷的神態，精神飽滿地參加了考試，結果中了個探花。

從這個故事我們可以看到，同樣一件事情，如果從不同角度去說，就會有完全不同的結果：可使聽者心灰意冷，也可以使聽者興高采烈。

從思考問題的角度來說，事情也是這樣。同樣一件事情，從不同的角度去思考，也會有迥然不同的效果。用心理學家的話說就是：積極思維使人愉快，消極思維使人悲哀。積極思維與消極思維的差異不在別的，而在於心態。一個人的心態好壞，既可以是快樂的酵母，也可以是悲涼的前奏。

美國教育家卡耐基說：「如果我們有著快樂的思想，我們就會快樂。如果我們有著淒慘的思想，我們就會淒慘。如果我們有害怕的思想，我們就會害怕。如果我們有不健康的思想，我們就會生病。」

境由心造，快樂的心境要由我們自己去創造。有時候只要換個角度思考，遇事多從好處想，就能變消極思維爲積極思維，從「山重水復疑無路」的困境，進入「柳暗花明又一村」的豔陽天。

人類總是存在善與惡、正與邪、美與醜等等相對的鬥爭。而歷代智者爲什麼都勸人向善而不勸人向惡呢？其中有一個重要原因，就是善人活得更健康，人際關係更好，更受人尊敬，更有自信，生活得更自由自在，而向惡者卻恰好相反。

由此看來，一個人持善心做人，往好處想，更能得到健康的身體。

往好處想，當然不只是向善一方向，你對某人有仇恨，而且積怨很深，此時，你可以試試往好處想，想想對方曾經的好處，或者作爲對手的好處，如要不是你有一個這樣強的對手，你也不會有這麼利害的。

你也可以想像一下苦難給你帶來的好處，苦難是負向的黃金，你在一次次挑戰中終於成長了、成熟了……當你遇到困難時，你也嘗試往好處想。要知道任何事情都有兩面性，都有一正一反，你若死死抓住負面的一點思考，那麼，你必將苦不堪言，生出疾病，而你若總是盡力往好處去想，方法就會出現，前面就可能豁然開朗。

情緒分兩類：正面情緒和負面情緒。

情緒的第二個特性是「兩極性」。從臨床學的角度來看，我們把情緒分爲兩類：正面和負面情緒。凡是給我們帶來愉快體驗的情緒就叫正面情緒，凡是給我們帶來痛苦體驗的情緒則叫負面情緒。正面情緒包括喜、愛、滿意、欣慰等；負面情緒包括憤怒、焦慮、恐懼、悲痛、羞愧等。

我們心理治療的目的就是讓人們多一些正面情緒，少一些負面情緒。

我們愉快與否，並不完全取決於事情本身，它還取決於另外一些因素。第一是認知方式，即你看待事物的方式。任何事情都有好的一面，也有壞的一面。如果我們感受到事物壞的一面，我們就會痛苦；如果我們感受到事物好的一面，我們就會愉快。

命運究竟是誰在主宰？曾一時，一顆跌落的心無數次反問著這個難以解答的問題，特別是每逢夜闌人靜，獨自靜坐，思緒萬千之時，看著黑夜的街燈在微風中瑟瑟發抖，一輪殘月掛在枝頭忽明忽暗之時，那種思想更趨強烈，回首著人生走過的來時路，不禁有些悵然若失，扼腕歎息，工作的不順，理想的破滅，人情的冷暖，一切的一切都讓人覺得茫然與沉重，失落與無依。

然而，就在心靈與現實產生強烈撞擊的時候，一次偶然機會，去拜見一位長者，長者說了一席話使我悟到人生眞諦並終生受益：命運掌握在自己的手裏，每一個人的命運都存在於他自己的決定之中，世上本來就沒有什麼救世主，唯有自己才能拯救自己，況且我們每個人身上都有可能潛藏著某種不爲人知的天賦，它是上天埋在我們生命裏的金礦，如果你能找到它，盡可能地發掘它，成功就近在咫尺了……

生活本來就是一面明淨的鏡子，你對它笑時，它就對你笑，你對它哭時，它也對你哭，總是讓人掩蓋不了，你必須積極地生活，努力地向前看，爭取主動的一面，期待好的回報。無須自怨自艾，怨天尤人，否則，你只能時時遇到絆腳石，讓你翻跟斗，碰個滿臉灰塵，甚至遍體鱗傷。正所謂人貴有精神，敗於自卑。

相信這句哲理名言：上帝爲你關閉一扇門，同時又爲你打開一扇天窗；不要因一時的失落，而垂頭喪氣，灰心消極，踐踏拋棄初衷；不要因站在物欲橫流的潮頭，而被金錢、權利牽著鼻子走向深淵，儘管有天下熙熙，皆爲利來，天下攘攘，皆爲利往之說，但有些東西是絕對不能用簡單的物質金錢來等值代替與衡量的，自己的實力才最重要。

相信自己，自己的命運自己主宰。

5 轉因轉果，浪子回頭

由於因果第三定律成立，那麼，當我們改變因果中的因時，其果自然也就會跟著發生變化，對應發生變化。如你將原來的種正因改成了種負因，你自然就會得到負的結

果，反之也成立。我們平時說的浪子回頭金不換；放下屠刀，立地成佛，等等都符合此因果定律。

小朱從小就混在一群小混混中間，那群小混混什麼壞事都幹得出來，能偷則偷能搶則搶，自然，小朱也學會了小偷小摸，膽子越來越大。

小朱由於經濟拮据，一日偷到一大作家的家中。作家外去旅遊，回來發現家中東西被翻得一塌糊塗，而且小偷臨走時還開玩笑地給大作家書桌上留了幾句話：真沒想到大作家的葫蘆裏居然還收藏著錢，你肯定沒想到我居然找得到這裏。落款是小偷「豬」。

大作家將此次被偷的事寫到報上，他在報上十分嘆服小偷精細的觀察力，以及對偽裝者心理的揣測，因為以前任何小偷都沒想到這裏居然有錢。在文章結尾處大作家對小偷行為做了假設，他說：假如此不懂事的小偷能將他對人性人心的洞察力用於正途，如幹事業，幹偵察員等，他必將是一個十分優秀的人才，絕對能出人頭地。

二十年後，大作家老了住進了醫院。一天晚上突然有個警察局的副局長來看望他，在單獨的小病房裏，這個陌生的副局長含著淚對大作家說出了他人生之路因他的正面引導而改變，是他拯救了他。

大作家丈二和尚摸不著頭腦，原來來人就是二十年前偷過作家葫蘆中錢的那個小偷。「小偷」知道恩人命將不長，他今天特地來感謝老人家。

一個小偷因大作家一句正面點撥的話而徹底改變了人生，而且果然將他那敏銳的觀察力和分析用到了正道上，幹出了優秀的成績，二十年後居然當上了警察局副局長。這是一個十分典型的因果變的故事。

惡人之所以成爲惡人，一開始也不是天生就是惡人，也是由於多種原因一步步把他逼成惡人的。上天爲了重憐他的子民，給任何一個惡人都留下一條回頭法則——改變因改變果。正因爲走上負面人生的人只要重視因，只要培養正面思考的頭腦，那麼，他一定能重新回到正道上來，一定能得到他人及社會的重新認可和尊敬。

反過來也成立，好人若未堅持種善因，未正視正思維，未堅持正思維和正行動，自然也完全有可能走向失敗，甚至慘敗！

當詛咒他人，心懷恨意時，你就像一團迅速蔓延的野火，最能傷害自己與他人。一個容易發怒的人，情緒也最不穩定，更容易破壞了自己與他人長久以來所建立起來的人際關係。

人不是十全十美的！只要善用你自己的才能，即使缺點，也會變成優點。人有形形色色，事有萬千百態，地有無數生靈，物須廣博善用。綺麗的人生，需要靠你努力去創造；溫馨的社會，更需要大家一起來締造。一個人唯有天天保持著樂觀的精神，才能擁有快樂的心境。

如何將惡緣轉成善緣？

惡緣人哪裡來？爲什麼跟人家結惡緣，你要明瞭，然後把這個結解開了，惡緣就沒有了。所以轉惡緣爲善緣，最重要的是理智、道德、忍讓、佈施。

你有智慧，你知道惡緣不是好東西，而且惡緣要是這樣結下去，不能化解掉，生生世世彼此報復，沒完沒了，冤冤相報，這種報復必定是一次比一次殘酷。

諸位去看看《文昌帝君陰騭文》，文昌帝君在沒學佛之前，報復心很強烈，造作了惡業很重很重，墮在惡道裏受苦，以後聞到佛法，他懺悔，才知道錯了。有智慧就能明瞭通達因緣果報的事實眞相，不再造惡業了。

人家縱然是陷害我，一定是我過去跟他有冤仇，今天報在我這裏，我也一筆勾銷，不再計較。不但我沒有報復他的行爲，連報復他和念頭都沒有；反過來，我要對他讚歎，歡喜，恭敬和供養。

爲什麼呢？他對我的報復，不但賬結掉了，而且把我的災消掉了。你能這麼一回頭，他對我不但沒有壞處，而且把我的災消掉了。這樣才能轉惡緣爲善緣，這是菩薩行，是眞正覺悟人所做的。

任何人的命運都是可以改變的，人生不可能被注定！

天下無論多少條路，都靠自己走，別人永遠無法替代。而命運只有靠自己把握，只有自己才是自己眞正的主人。生活中有的人不能主宰自己，有的人把自己交付給了金錢，成了金錢的奴隸，有的人爲了權利，成了權利的俘虜，有的人經不住生活中各種挫折與困難的考驗，把自己交給了上帝。

做自己的主人，就不能成爲金錢的奴隸，不能成爲權利的俘虜，在各種誘惑面前保持自己的本色，否則便會失了自己。過於熱中於追求外物者，最終可能會如願以償，但卻會像差役一樣把最重要的一樣給丟了，那就是自己。

一個衙門的差役，奉命解送一個犯了罪的和尚，臨行前他怕自己忘了帶東西，就編了個順口溜：「包袱雨傘枷，文書和尚我。」在路上他一邊走一邊念叨這兩句，總怕一不小心就把東西丟了，回去交不了差，和尚看他有些發呆，就在停下來吃飯時把他灌醉了，然後給他剃了個光頭，就把自己脖子上的枷鎖套在他身上，自己便溜之大吉了。差役酒醒後，總感到少了點什麼，可包袱雨傘與文書都在，摸摸自己的脖子枷鎖也在，又摸摸自己的頭是個光頭，說明和尚也沒丟，可他還是覺得少了點什麼，於是念了遍順口溜，他大驚失色：「我哪去了，怎麼沒有我了？」是啊，什麼都沒丟卻把自己弄丟了，

雖為笑話，卻也讓人深思。

我們有權利決定生活中該做什麼，不能由別人來做決定，更不能讓別人左右我們的意志，而自己卻成了傀儡。其實，只有自己最了解自己，別人並不見得比自己高明多少，也不會比自己更了解自身實力，只有自己的決定才是最好的。

我們應該做命運的主人，不能任由命運擺佈自己。像莫札特、梵谷生前都沒有受到命運公平的待遇，但他們沒有屈服於命運，沒有向命運低頭，他們向命運挑戰，並最終戰勝了它，成了自己的主人，成了命運的主宰。

挪威作家易卜生有句名言說：「人的第一天職是什麼？答案很簡單，做自己。」是的，做人首先要做自己，首先要認清自己，把握自己的命運，實現自己的人生價值，這樣，才是真正的自己。

6 善惡分報，因緣定數

你不積善，專積惡，我絕不相信命會特別好；相反，你只要積善，也許暫時還未報，但只要你不斷地積善，我絕不相信你不會有好報。

種瓜得瓜，種豆得豆，種什麼因便得什麼果，這種因果報應的道理，不僅佛教加以強調，古代希臘哲學家柏拉圖，在其不朽名著《理想國》一書中更有類似的主張，凡人在世有一罪者，在死後當受十倍的懲罰；凡人在世公道而勇敢者，在死後每一項亦受十倍之報酬。

十七世紀法國思想家伏爾泰非常排斥迷信，卻也堅決相信善惡的因果報應，一個賞罰分明的上帝是必需的，如果大家都不信神，這個社會還能維持得住嗎？要建立一個風氣良好的社會，應當是需要宗教的。

大科學家牛頓曾說：有限的知識容量常使我們遠離上帝，增加知識的容量後又常使我們回到上帝的身邊。

愛因斯坦年輕時並不相信神，但年長後卻愈來愈相信上帝的存在。有一次他表示：

我深信現今時尚以科學理論來解釋人類生命的所謂公理，則不單只是完全的錯誤，而且這種看法應該受到指謫。這位偉大的學者在臨終時說出了他畢生體驗的結論：宇宙是神祕的，上帝是存在的。

美國蓋洛普曾經調查研究三個世紀以來最著名的三百位科學家，結果發現他們之中百分之九十二，竟然都出人意外的相信上帝的存在！

美國歷任的大總統也幾乎都是虔誠的上帝的信徒，他們在宣誓就職典禮時都要左手拿聖經，右手舉起向上帝宣誓，並祈求上帝賜福他們的國家和人民。他們都一致認爲神或上帝不僅是慈悲和博愛的化身，同時也具備賞善罰惡的無上權能，因爲唯有如此才能維持宇宙間正義與公理的存在。

提倡進化論的達爾文在七十三歲去世前曾經說：我觀察這個世界尤其是人類的特質，我不贊成「世界是任由無目地的力量來支配」。這種武斷的看法，事實上，這個世界，不論是善或惡，必然有一個無所不在、巨細靡遺、遍及宇宙的定則存在其間。

由此可見，相信因果報應的法則並非只限於無知無識的下層階級，相反的，具備最高知識，徹悟自然與人生眞象的哲學家、宗教家、科學家、政治家，以及許多偉大的智者都一致公認並深信不疑，因此因果的現象絕非愚夫愚婦的迷信。

有人認爲因果的現象不可盡信，主要原因乃是這種發生是偶然的湊巧，而不是必然一定的。這種說法表面看來似乎很有道理，不過只要仔細觀察並注意求證，便可發現事實並非如此，我們知道，所謂巧合或偶然都可說是一時的、短暫的現象，然而筆者在前面所舉的種種例證，這些不可思議的現象竟然能夠持續五年、十年，甚至更長的期間，此外許許多多屬於善報的奇蹟，也都幾乎只有發生在一般公認的積善人家，這種明顯的現象，難道可以使用偶然或湊巧來解釋？

有些人不信因果的另一個主要原因，乃是他們可以發現有些行爲沒有報應，或者報應非常矛盾的現象，我們並不否認乍看之下這種現象似乎經常可以發現，而許多人也就常常利用這類的例證來指責因果現象的無稽，或不科學，然而這種批評實在是似是而非，我們只要進一步推究便可發現事實並非如此。

道理安在？我們首先可以引用佛家的一段話來加以解釋：爲善必昌，爲善如不昌，乃是祖上（或自身）仍有餘殃，殃盡乃昌；爲惡必殃，爲惡如不殃，乃是祖上（或自身）仍有餘昌，昌盡乃殃。

一個人一旦行善，固然應當受到善報，然而在尚未行善，或者是行此善之前（包括過去，甚至更早的過去）如果仍有惡因，而且此種惡報猶未受盡，照理仍然應當繼續承受這些惡報，惡報受盡再接受應有的善報，（行惡的報應也應如此），唯有如此才是公平合理的現象，也唯有這種現象，我們才能合理的解釋，爲什麼有些人一生下，在尚未

具備行善或行惡的能力之前便分別遭受了各種明顯不同的報應，例如有些人能夠很幸運地出生在富貴而幸福的人家，而有些人的出身卻十分的貧賤，甚至在出生不久便父母雙亡成爲孤兒；有些人生來便眉清目秀、聰明可愛，而有些人卻五官不全、肢體殘缺，終生遭受不幸，有些人似乎平生從未作惡，卻有悲慘的遭遇等等，這些無非都是因果報應的結果。

此外，也有人懷疑，像岳飛、文天祥、林肯這類忠良偉人，後來竟被陷害謀殺，這是不是好心沒有好報？事實上剛好相反，他們雖然一時受到不幸，然而他們卻由於這種不幸而受到世人更多的同情懷念，崇拜效法而名垂千古，永留青史，這不正是善有善報的明證嗎？

因此一般所謂好心沒好報、壞人享大福這些都只能說是暫時或過渡的現象，將來只要時候一到，必定殃盡乃昌或昌盡乃殃，報應終究還是無法逃避的。

種下善因，收穫善果

最近有許多心理學家對心靈方面做過很多的研究，使我們對於因果現象獲得更爲有力的證明。

美國加州大學心理學家海倫，曾以一千多人做催眠的實驗發現約有百分之九十的受試者，可以多次重溫過去所見、所聞、所感，而且清晰逼眞。他相信過去的經歷可以解釋今生許多情感困擾的現象，例如過去殺過人的，情緒經常都會有不安的症狀。

內瑟頓博士和雪弗苓合著的《過去療法》一書中說——

我的病人幾乎全部發覺，他們這一生精神上的痛苦，可以準確地溯源到過去某種身體的狀況。如果病人極端畏高，那麼這個病人可能會發覺，他是從極高處掉下來摔死的。有一個病人說他過去殺了妻子，因為她當面向他炫耀婚外的性關係，現在他們夫婦（今生）還是在一起，可是他不知怎的，總是覺得實在對不起她。

赫斯廷斯博士也發現一個病人很怕離家，原因是她過去的在邊疆地區墾荒，有一次

離家，回來時發現妻兒都被燒死了。

史蒂文生也發現，有一些平常非常怕水的人，在催眠中都表示，他們過去是溺水而死的。有些小孩對烈酒有特殊的嗜好，也自稱記得過去是個酒徒。有些兒童年紀很小，就學會唱歌跳舞，使用縫紉機或某種複雜的技巧，結果也證明他們過去即擅長這些技藝，有些天才兒童過去即是一些著名的學者或專家。他甚至發現，人身上的一些胎痣也證明都是過去給子彈打中，或受傷致死的部位。因此他下了一個驚人的結論：人格的形成可能上溯至更早的時間，而且遠在受孕及誕生之前。

由此可見現代科學研究的結果完全符合佛教因果定律的說法，也證明了「善有善報，惡有惡報」的理論極爲正確。

行善最樂與得道多助乃是一種明顯而難以否認的事實，過去傳說有一個王子，雖然住在金碧輝煌的皇宮中，每天過著錦衣玉食、僕從如雲的生活，享盡人間一切的榮華富貴，然而始終抑鬱寡歡、悶悶不樂。有一天便請教一位著名的哲學家，一個人究竟怎樣才能獲得眞正的快樂。

哲學家告訴他：這個很簡單，只要日行一善，每天做一件慈善的事就可以了。王子聽後雖然半信半疑，可是仍然依然照他的話去做，沒想到不久便發現，凡是被他幫助和

關懷過的人，都無不對他表示發自內心最爲眞誠的謝意，與過去表面虛僞的奉承大異其趣，因此他感到十分愉快。

一年之後，王子便向這位哲學家說：「你的話一點都不錯，唯有誠心助人才能贏得一個人眞正的尊敬和感激，也唯有如此才能得到眞正的滿足和快樂。」

許多經常佈施的人，有時雖然並不企求獲得什麼回報，然而卻大都毫不例外地覺得，每次行善之後心情總是顯得比較愉快，這種精神上的輕鬆愉快，事實上便可說是一種極好的回報。一個人如果能夠經常保持這種愉快的心情，身體自然容易變得更健康，病痛與苦惱的機會也就相對的大爲減少。

反之，一個爲非作歹、有愧良心的人，由於經常感到緊張恐懼、焦慮不安，結果自然也就容易導致各種疾病和意外的產生。最近有些科學實驗也證明這種現象的眞實性，美國「國民星期雜誌」曾經發表了一篇研究報告，題目是「不快的心情造成了毒素」。

內容主要如下——

在華盛頓心理實驗室近來所作的實驗中，顯示了我們人類的惡念，能引起生理上產生化學的變化，而使一種毒素注入血液之中。一個人在心理正常的狀態下如果向一個冰杯內部吐氣，則其所凝集的乃是一種無色透明的物體，然而一旦處在怨恨、暴怒、驚怖和妒忌的心情下，則所凝集的物體便顯出不同的顏色，倘若加以化學的分析，則大都可

以證明這些物質含有致命的毒素。由妒忌所生的凝集物，往往可在數分鐘內毒斃一隻豚鼠，如果發自內心深刻的怨恨達一小時之久者，則可毒斃數十人。

因此，一個母親在生氣時如給嬰兒餵乳，則嬰兒往往會下痢，這時呼出之氣如讓嬰兒吸入則嬰兒便容易發高燒。此外，科學還指示我們的憂慮有害人類的健康，反之，快樂的情感卻能產生有益人體的化學物質，藉以刺激細胞，生長精力。此外，美國食物檢驗局的威力博士也曾經表示：驚嚇和恐怖能使身上某種液質變成毒素，滲入器官，以致身體組織崩解，而發生疾病。

反之，人逢喜事精神爽，凡是愉快的心情，純潔的信念，卻能使這種液質澄清潔淨，使生理產生變化，而得到健康快樂。如果要問爲什麼會有如此的作用，則屬於明日的科學，目前還是一個無法了解的神祕現象，但卻是鐵一般的事實。

由於一切作爲皆有報應，因此欲得善報必須努力行善，然而善事是什麼呢？依一般說法可以包括下列幾方面——

一是從事財施，以財物救濟貧民，照顧別人的生活。

二是行法施，從事教化工作，宣揚有益世道人心的道理。勸人爲善，渡人迷津，不再癡迷爲惡，此種救人心靈的功德可說最大，因此馬丁路德最推崇學校教師，因爲這是最佳、最偉大及最有用處的職業。不過教師如果誤人子弟，其罪過也最大。

三是行無畏施，以己之力解除衆生之苦難，鋪橋造路，醫治病患，救生放生，服務他人，與孤兒同樂。此外，在實行任何一種佈施時，如果能夠基於純粹救助別人的動機，而毫不存有沽名釣譽或其他任何自私的意念，這種完全奉獻利他的行爲，才可說是眞正的善行。

四是百善孝爲先，要行善必先行孝，因爲對於恩重如山，生我育我的至親，如果都未能給予應有的回報，則縱有其他的什麼善行，事實上也大都無法完全抵償由不孝所產生的罪過。我們知道，不論古今中外，任何一個成就偉大事業的人物，幾乎可說毫無例外的都是事親至孝，反之，一個對雙親忤逆不孝的人而能成就大事者，也可說絕無僅有。由此可見，孝是百善之先，爲人之本，也是成功之鑰。

佛教道德生活最基本的規範，就是守五戒。

養成高尚的道德情操，就是要行十善。五戒十善就是信仰在行爲上的要求和落實。五戒和十善在內容上有交叉的地方，但是它各有側重。十善的意義更加廣泛。五戒的重點是在身口，十善則三業都包括進去了，要求淨化身口意三業。用什麼來淨化三業？就是用十善法來淨化。

佛教的戒律，無論是攝儀律戒也好，攝善法戒也好，還是饒益有情戒也好，它們都不是一種空洞的說教，也不是從抽象的概念中演繹出來的條條框框，它們都是佛陀對因果規律徹見的基礎上制訂出來的。

佛教的戒律強調以心爲本，以諸惡莫作、衆善奉行、自淨其意爲方便，以自他解脫、利樂有情、莊嚴國土爲目的，把個體當下的離苦得樂與死後的究竟解脫、個體的自我完善同整個社會的穩定祥和、個人的自覺需要同社會對個體的必然要求有機地統一起來了。

佛教所提出的人生道德價值，它的高妙之處就在於它把道德生活與個體對解脫的渴求融爲一體，而不是互相外在的。它沒有絲毫的強迫，人們遵守戒律都是出於一種自覺自願，都是一種自我要求。

如果想求得解脫，就必須遵守戒律，實施道德。因此，戒律絕對不是一種外在的強加於人的約束，而是一種自覺自願的需求，也是每個個體對社會的一種積極的回應。因爲社會都要我們每個人講道德，如果道德成了我們每個人的自覺性，那就是我們對整體社會的一種最積極的回報。

從因果和人性的追求來看，每個人都渴望自由解脫。追求人生圓滿的人都必須毫無條件地堅持過完善的道德生活，不這樣就不可能克服我們的弱點，眞正地離苦得樂。

因此，從消極的方面來說，我們至少要持五戒，從積極的方面來說，我們還要行十善，通過五戒十善來逐步淡化和拔除自己的殺害心、貪欲心、嗔恨心和愚癡心，相應的

就能增長我們的慈悲心、平等心、智慧心和包容心。

從佛教的角度來講，善心就是自利利他、自覺覺他、自度度他的善良意願和覺照的能力，也就是大悲心和菩提心。善心既是一種仁心，也就是利他的慈悲心；同時它又是一種覺照的心，它時刻警覺自己的三業，使之向善、向上。大悲心體現在善心的向善性，菩提心體現在善心的向上性；大悲心要下化眾生，菩提心要上求佛道。

我們現在正處在一個善心失落的時代，這是大家有目共睹的一件事。造成良心失落的原因當然是多方面的，其中斷滅論的思想恐怕是主要的原因。因爲斷滅論宣揚人的全部一死百了，否認三世因果。

這種否認三世因果的觀念，認爲人一死百了的觀念，實際上就是斷送了眾生的慧命，扼殺了人的善心。這種觀念認爲，善心有什麼用呢？人死了就完了，做了壞事沒有責任。只要能夠逃過現世法律的眼睛，做壞事就沒有責任。現在的實際情形是，法律的眼睛沒有用，群眾的眼睛更沒有用。

金錢至上，關係至上，做了天大的惡事在現世也可能沒有任何報應。這是一個反常的現象，這是良心徹底的失落。這個問題是非常重大的，是一種極不正常的人類悲慘的現象。它從根本上毀掉了道德價值的基礎。

有些人可以說就是無法無天，他們信奉的是享樂主義、利己主義，大肆揮霍、及時行樂，根本不管未來，也不管子孫後代。這種現象很可怕，也很可悲，這絕對不是危言聳聽，這是我們時時刻刻在現實生活中都會感受得到的事情。

佛教認爲，人做每一件事都有責任。這種責任不僅僅是當下的責任，而且是一種永恆的責任。這種責任既是現世的，也是未來的，它通三世。只有在這樣一種思想前提下，人才能做到自覺自律。

記住：三世因果是絕對正確的！三世因果簡單扼要地說，就是你的現在是由你的過去造成的。誰又不是這樣呢？誰又能舉出反證呢？

所以我認爲，有了三世因果的觀念，有了生命永恆的觀念，人們才能產生對自己的言行永恆地負責任的思想，這樣，人類的道德良心就有了保證。良心有了保證，一切就有了保證。無論是從教育的圓融性來說，還是從教化的善巧性來說，應該說佛教在現代社會是有所作爲的，它不但能爲人類提供一整套終極關懷的價值體系，同時還能爲人類提供系統的行之有效的戒、定、慧的修行方法。

8 禍福無門，唯人自招

想改變或扭轉自己的命運，諸惡莫作，勤種善因，可能就是最有效的一個途徑。同樣的道理，我們也可以由一個人平日的作爲是好是壞、是善是惡，來正確地推論此人的未來，甚至其後代是好是壞或成敗優劣。因此佛家曾言：欲知過去因，今生受者是；欲知未來果，今生作者是。

這句話實在具有相當的道理。職是之故，輕信宿命論，任憑命運的擺佈是十分錯誤的，盲目聽從江湖術士的信口開河，或花錢改運的伎倆更是一種愚昧的行爲。因此邵康節曾言：有人來問卜，如何是禍福；我虧人是禍，人虧我是福。算什麼命，問什麼卜，欺人是禍，饒人是福，天網恢恢，報應甚速。

同樣的道理，一個人如果不積極行善，對社會眾生作有益的貢獻，卻只是一味想使用其他的手段（例如殺害生靈，用大魚大肉來從事祭拜，或燃放大量的鞭炮，或焚燒大量的冥紙等等）來祈求福報，則更是一種不可思議的妄想，試問不種善因（而只想討好公正無私的上蒼或神明）則將來怎能獲得各種善報呢？

事實上這類活動不僅浪費財物，而且可能無形中造下殺生的罪孽及其他的業障。

此外，有人認為虔誠的，長時間的祈禱或念咒，有時也能產生某種奇蹟，或實現某一種願望。事實上，這些祈求如不以實際的行善或功德來配合，或事先許下一個有益社會人群或眾生的願望，承諾要改過行善，則結果也大都未能收到顯著的效果，而且一旦祈求的願望得到實現，事後如不信守諾言，則將來也往往都要遭受種種的惡報。

由此可知，歸根究柢，行善事積善因才是求得善報的根本有效之道。因此筆者認為，相信合理的因果現象，以培養人定可以勝天、行善足以改變命運、行善愈多福報愈多的觀念，結果不僅可以建立正確的人生觀，改進許多積非成是的習俗，而且足以鼓舞人們產生無窮的希望，也足以激起努力奮發開拓未來的勇氣和信心，這不是迷信，更不是弱者消極的自我安慰而已！

行善不一定非要用金錢，一個人如能勸人改過遷善、啓發別人智慧或良知、擔任義工、照顧病老、鼓勵安慰別人、鋪橋造路、維護環保，甚至時時心存慈悲、面帶笑容，去孝順父母，去善待一切眾生（包括人與動物），則這些都要比單純的捐款更具功德。

行善後更要注意修持，不要一面行善，一面又在造惡業（例如犯五戒、十惡，或從事損人利己及傷天害理之類的壞事），否則所有的善行均將被抵消漏盡，甚至功不敵過，還遭惡報。

行善如果出自純粹救人的動機，則此種無相佈施的功德可說是最大。反之如果只爲沽名釣譽或由於自私原因而佈施，則其福報便非常有限（不過比完全不佈施要好得多）。此即爲何同樣做佈施，有人福報很明顯，有人卻不明顯。

如果有人長期行善竟然十分意外毫無感應，則其主因除上述幾點外，佛經所云：爲善必昌，爲何不昌？必有餘殃，殃盡乃昌；爲惡必殃，爲何不殃？必有餘昌，昌盡乃殃。這可能是最好的解釋。因此千萬不必怨天尤人，反而更應該具備耐心，並深信只要持續認眞行善，努力修持，誠心懺悔，將來一旦業障消盡，必可得到解脫，而享受美好的福報。

更重要的是，除行善外還要修慧，因爲唯有了解佛法，培養智慧，才能清靜心靈，免除煩惱，甚至了脫生死，一切都看得開，放得下，而得到眞正的快樂。

佛學簡單的說，因果報應就是善有善報，惡有惡報；因果律就是因果報應的一套規則與定律。

詳細說，屬於惡的行爲主要的有十惡、五逆。每種惡行，各有它應受的惡報，而且依照惡行的輕重而有差別：做十惡最重的，死後入地獄受苦；中等程度的，死後轉生爲畜生受苦；較輕程度的，死後生爲餓鬼受苦。當受完上面苦報後，再出生爲人時，則分別受下面的果報——

一、殺生：會得多病、殘疾、短命、多禍殃、骨肉分離等果報。（將人或動物直接或間接加以殺害，屬於殺生惡行；若加以刑打、虐待、傷害，則屬類似於殺生的惡行，得類似果報。）

二、偷盜：貧窮；或財產與他人共有，無法自由支配。（凡不是自己的東西或財物，未經同意擅自取用或侵佔即是偷盜。）

三、邪淫：配偶不善良、不忠貞，或妻子受人拐騙姦淫、得不到滿意的眷屬。（亂搞男女關係以及從事與色情有關的行業，都屬邪淫惡行。）

四、妄語：得到受人誹謗、欺騙之果報。（說謊、作偽證、不守信都犯妄語罪。）

五、綺語：說的話別人不信任、不接受，說話不清。（說黃色邪淫的話，使人想入非非，謂之綺語。）

六、兩舌：眷屬背離，親族弊惡。（搬弄是非、挑撥離間即是兩舌。）

七、惡口：常受人惡聲相向、多訴訟紛諍。（用兇暴或惡毒的話罵人即惡口。）

八、貪欲：心不知足、多欲無厭。（貪求財色名利各種享受，迷戀不舍，謂之貪。）

九、嗔恚：常受人說長論短，常受人擾而煩惱，或被陷害。（稍不如意就生氣怨恨即是嗔恚。）

十、癡：生在充滿邪見的家庭、生在偏僻缺乏佛法與文明的地方，心諂曲、好奉承巴結、使詭計。（癡是指邪見、不信因果）

十惡之外，五逆是更重的惡行，其中一項是不孝父母或至殺害，它的果報是應入最苦的無間地獄受無量久遠的大苦報。其他各種惡行各有其應受惡報，名目繁多，無法在此一一列舉。

屬於善的行爲主要的是十善——

一、不殺生；二、不偷盜；三、不邪淫；四、不妄語；五、不綺語；六、不兩舌；七、不惡口；八、不貪欲；九、不嗔恚；十、不癡。

能實行十善，得到的果報正好與行十惡者相反。程度重的死後生於天上享天福；程度輕的死後再出生爲人。以前能行不殺者，再出生爲人時，可得到健康、少病、長壽的善報；修其餘善行者，各享應得的善報。

9 堅守因果正道，修成人生正果

修正內心、修正思維、修正語言、修正行爲。不修正道，不會眞幸福！正是宇宙的惟一法則。所謂「邪不壓正」，所謂「走正道」，所謂「爲正義而戰」，所謂「追求光明」，所謂追求「快樂、幸福、自由」，所謂追求「平等、公平」，所謂「撥亂反正」，所謂「主流社會，主流文化」，所謂「道德、倫理」，等等，都從不同角度說明一個問題「正」才是宇宙的追求我命令，「正」才是宇宙的總法則，「正」才是宇宙的總法律。

我們要想發展，要想成功卓越，要想做好本職工作，要想擁有更多財富、名譽、地位、朋友，就得學會走正道，就得理解「正」，吃透「正」，就得擁有正面發現的眼光，就得堂堂正正地生活，就得光明正大地做人，就得做正確的事。只有這樣，我們才能修成正果。

有許多人說，本身是「正的」，要看成正的，這不難；難就難在表現上看上去是負的，硬要看成正的就很難了。那麼，這個問題究竟怎麼解決呢？

只有「先打斷，後轉念」，即「打斷轉念法」。每當你聽到、見到、想到任何不利因素時，就要立即引起警覺，就要立即打斷，就要當場終止，絕不讓那個「負念、負思、負語、負行」進一步惡化。當然，「打斷法」只是終止了「負」，這還只完成了一半，我們還應將負轉爲正，才能眞正朝有利方向發展。

在此，我不妨舉一個例子進一步說明這個問題，如：上司在會上批評了你。此時，按以往的習慣肯定是十分惱火的，憋了一肚子氣，老闆不公平，自己失了面子，以後要找機會干擾企業的，等等。但今天，送給大家一句好話，大家全面吃透了這句好話，那麼，應該對這次批評會有完全不同的理解。具體怎麼做呢？

第一步：打斷。我在大腦裏不能再往壞的方面想。第二步：轉念。他批評我是因爲我的確有問題，的確給企業帶來了損失。他不單獨批評我，是想提醒公司裡其他員工。他本來要私下提醒我的，他下午要出差，沒有時間了，而問題又不得不提，所以，他只有在會上提了。也許是我已犯過了許多類似的毛病，他本想開除我的，但他沒有那麼做，他是想我找工作也不容易，沒有功勞有苦勞，他想再給我一次機會……

總之，你只要學會了「打斷、轉念法」，你就在人生道路上成長了一大步，你就走到人生的正道來了。

第四章

以佛心修包容心

——吞納萬象，寸心乾坤

1 垂垂佛耳，聽眾生萬音

一事無成的無名小卒才能免於批評。尊重別人的意見是做人的美德，尊重群衆的意見是領導者必備的品質。然而，在現實生活中有不少人，當然也包括不少領導者，聽到與自己相同的意見便面露喜色，卻聽不得半點「異見」，這除了忠言逆耳的原因之外，還有權威意識的思維在作祟。在這些人看來，既然是領導，就應該是計畫的制定者，是決策的裁定者，如果自己的意見被反駁或反對，權威性就受到了挑戰，長此下去，何以領導下屬？爲了面子、爲了權威，便不分青紅皀白，斷然把「異見」壓制下去。

其實，這種做法大可不必。所謂意見，是人們對事物的見解和看法。「異見」，便是不同的意見、反對的聲音。人們對事物有不同看法很正常，時時事事都「英雄所見略同」才不符合客觀規律。就像十指有長短才能發揮手的功能，五音分高低方可組成美妙的旋律，人們往往就是在不同意見的爭鳴中才能得出對事物的正確認識。

所以，聽聽「異見」，可以讓領導者從不同角度審視決策是否全面、正確，更能客觀公正地做出決策。唐朝魏征，一生幾乎專提「異見」，有時候連善於納諫的李世民都

恨不得殺了他，然而李世民卻忍受了暫時丟掉「面子」的尷尬，接受了這些異見，最終成了一代名君。作爲領導，如果搞「一言堂」，容不得別人的「異見」，終有一天會在決策中出現失誤，而受損失的卻是黨和人民的事業。

日本的「愛迪生」盛田昭夫在公司裏鼓勵大家「公開提出意見」，即使對自己的上司，不要怕因公開提出意見而發生衝突。他認爲，「不同的意見越多越好，因爲最後的結論必然更爲高明」，「公司犯錯的風險才會減少」。

所謂「當局者迷，旁觀者清」，當事人由於身在其中，往往不能將問題看清，這就需要虛心聽聽別人的意見。

戰國末年，韓國陰謀用派水工幫助秦國修理灌溉用水渠為名，企圖削弱秦國的勢力。事發後，秦皇室震驚，乃至上下草木皆兵，請秦王驅逐在秦朝廷的一切外援客卿。

當時，楚國客卿李斯也在被逐之列。在被逐之前，李斯冒死給秦王上了一表，此表乃歷史上有名的《諫逐客書》，表說：

「今日秦國能如此強大繁榮，都是秦歷代君主起用賢能之士的結果。秦能容士，故天下賢士紛紛慕名而來。自春秋五霸之一的穆公任用降臣百里奚以來，外援賢能之士來秦國者，絡繹不絕。

所以說：泰山不讓土壤，故能成其高；海洋不擇細流，故能就其深；王者不卻眾庶，故能服其德。對國家來說，最為重要的是尋求賢能的人才。只要是人才，就該暢其所用。而不能因為臣子是異國人，而就懷疑他、驅逐他。眼下這種逐卿的做法，對秦國有百害而無一利呀！人才盡去，永無賢人復來，又怎麼能期望國家長治久安呢？」

看了《諫逐客書》後，秦王恍然大悟，為了秦國前途，萬不可自滅其勢。於是，立刻廢除了逐客令。

秦王聽信李斯的忠言，採取了明智的方法，各方人才紛紛湧進秦國，爲後來秦國統一全國打下了良好的組織基礎。

因此，永遠不要輕易地盲從任何一種觀點，永遠不要固執地以爲自己的觀點一定正確，永遠不要讓頭腦中已經存在的觀點封閉你的智慧，阻礙你的前進。養成時刻自省自責的習慣，時刻提醒自己現在的許多思想是錯誤或片面的。時刻保持思想的開放性，永遠保持虛懷若谷的寬容胸懷，讓自己的心靈永遠開啟流動，隨時接納新的正確的東西。

俗話說，「泰山不讓土壤」，此話是說：泰山如此之高大，也不拒絕接受——故愈成其高大。自然界這樣，人類也是如此，只有不知滿足，虛懷若谷，大度能容，才可以成爲偉大的人物。每當你拒絕任何人或觀點時，一定要對自己說：「冷靜、客觀、理智。也許我現在還有許多錯誤觀念，是自己並未意識到的。」做到這一點，非常困難！但也只有做到了這一點，你才能不斷進步、不斷強大。故請時刻愼之！

2 紺目澄清四大海

每個人的氣度、知識、範圍、胸襟都不同。你要成大功、立大業，就要培養自己的氣度像大海那樣大；培養自己的學問能力像大海那樣深。你要修道，要夠得上修道材料，先要變成大海一樣的汪洋。所以佛經上形容，阿彌陀佛的眼睛「紺目澄清四大海」，又藍又大，就像四大海一樣。而我們的眼睛太小了，有時連眼白還看不見呢！當然，觀點和氣魄都不行了。

在我們生活著的這個地球上，已突破六十多億人口了。人們操著各種不同的語言，從事著各不相同的職業，居住在世界上大大小小的地方。因此，作爲一個抽象的人，那是非常非常藐小的，就像一隻小小的螞蟻，一片萬綠叢中微不足道的樹葉。但是，如果把焦距對準一個具體的人，這種情況就不大一樣了。因爲每一個具體的人，都可以裝下

世界上許許多多的人，許許多多的事，還有許許多多的社會知識和自然景觀。這時，這一個具體的人，又忽然變得無限大了。

實際上，人還是這個人，爲什麼稍稍換一個角度觀察，馬上就變得大不一樣呢？奧妙就在於，眞正能把世界上許許多多的人和事，許許多多的社會知識和自然景觀都裝進去的是這個人的心，這個人的靈魂，還有這個人經過長期訓練和陶冶的人格素質。

把一個的心，一個人的靈魂，還有這個人的人格素質加起來，這便是我們通常所說的心胸。

心胸，也叫胸懷，它是世界上最神奇、最博大精深的一種精神載體。法國大作家雨果就說過：「世界上最寬闊的東西是海洋，比海洋更寬闊的是天空，比天空更寬闊的是人的胸懷。」中國也有一句形容心寬的俗語，說得和雨果同樣形象、生動，也同樣有韻味，這就是：「宰相肚裏能撐船。」

所以，我們讚美和追求這樣的境界：心胸寬廣如藍天。

有一位青年脾氣非常暴躁、易怒，並且喜歡與人打架，所以很多人都不喜歡他。有一天，他無意中遊蕩到大德寺，碰巧聽到一休禪師正在說法，聽完後發願痛改前非，就對禪師說：「師父！我以後再也不跟人打架口角，免得人見人厭，就算是受人唾面，也只會忍耐地拭去，默默地承受！」

一休禪師說：「噯！何必呢，就讓唾沫自乾吧，不要去拂拭！」

「那怎麼可能？為什麼要這樣忍受？」

「這沒有什麼不能忍受的，你就當作是蚊蟲之類停在臉上，不值得與它打架或者罵它。雖受唾沫，但並不是什麼侮辱，微笑地接受吧！」一休說。

「如果對方不是用唾沫，而是用拳頭打過來時，那怎麼辦？」

「一樣呀！不要太在意！這只不過一拳而已！」

青年聽了，認為一休說得太沒道理，終於忍耐不住，忽然舉起拳頭，向一休禪師的頭打去，並問：「和尚！現在怎麼樣？」

禪師非常關切地說：「我的頭硬得像石頭，沒什麼感覺，倒是你的手大概打痛了吧？」青年啞然，無話可說。

心胸寬闊的人是不可戰勝的。當某些小人蓄意向你挑釁的時候，你採取更理智的態度，暫時巧妙地躲開，就可以避免兩敗俱傷的悲劇。所以，做人必須培養自己的氣度。氣量大的人心大、心寬。人生的道路也會越走越寬。

心理學家說，成年人與孩子一樣，對待別人成功與失敗的態度反映了一個人的精神發展程度。對人格發展不健全的人來說，當別人獲得成功時，他會表示氣憤、嫉妒、懷疑甚至憎惡，這會使他難以受到周圍人的尊敬並交到眞正的朋友，而心胸開闊、自信豁達的人更容易獲得成功。

一個人的魅力源自於寬厚坦蕩的心胸。一個心胸寬廣、光明磊落的人是偉岸的山，是博大的海。心胸寬闊，必然開朗樂觀，不會因瑣事填胸而損脾傷肝。心胸寬闊的人站得高，看得遠，能將現實和將來連成一線。心胸寬闊的人豁達、寬容，既不會爲恩恩怨怨而耿耿於懷，也不會對區區小事念念不忘。君子坦蕩蕩，小人常戚戚。胸懷寬廣，方能成大事。「心底無私天地寬」，當一個人著眼於自己的事業，忘掉瑣屑小事的時候，心胸就會豁然開朗。

男性總是表現出一種爭強好勝、勇敢好鬥、堅忍不拔、永不服輸的性格，以及愛生悶氣、遇事著急、暴躁易怒、競爭攀比等心理特點。男性的性格和心理特點如果發揮得適度，引導得好，有利於功成名就，也有利於家庭和社會。但是如果引導得不好，男性又常常走向極端——雄心勃勃失去控制，欲望無窮不知滿足，這樣就難免在人生的道路上摔跤和失敗，從而損害身心健康，引起早衰或滋生各種疾病。

我國傳統的養生學說，也非常重視人的精神狀態與健康長壽的密切關係，提出七情——喜、怒、憂、思、悲、恐、驚——爲致病的重要因素之一。認爲心情愉快，可以使五臟六腑功能及氣血運行正常，避免各種疾病發生；而精神壓抑、情緒緊張則往往是疾病發生的根源。

要在情緒上保持心情舒暢、精神愉快，就要學會迴避煩惱，寬以待人。因爲人在日常生活中很難避免不順心的事，與周圍的人也難免發生誤會、刁難、中傷、不合作等矛盾和鬥爭，甚至自己的親人、朋友有時也會同自己產生衝突。懂得養生的人就能夠冷靜、理智地處理好非原則問題，該讓的讓，該忍的忍，該諒解的諒解。俗話講得好「吃虧是福」，「得饒人處且饒人」，做到心胸開朗、豁達大度，才能保持心神清靜，幸福生活過百年。

3 大鵬臨風九萬里

大鵬鳥飛到九萬里高空以上，大氣層都在它下面。莊子是科學的，學過航空學的人都懂，飛機要起飛，風向不對不能起飛；亂流中間不能起飛，直升飛機會掉在那個亂流中。飛機碰到亂流，趕快要往上飛，要超過那個亂流。鳥要起飛，下面要靠風力，風力愈大，起飛的時候愈容易，翅膀快速一打，就起飛了。假使我們將來修道修成功，要起飛也一樣，也要借一下風力，才可以飛起來，這是同一個道理。

拿這個道理比喻人生，你要想事業成功，就要本錢，本錢就是你的風。有許多青年，要這樣，要那樣，講了半天你有資本沒有？一點錢都沒有，你就是沒有風，當然飛不起來。那你就乖乖地在家裏打坐吧！不要飛多好呢！要想飛就要培養這個風力，風力愈大，飛得愈高。

劉備可以算得上善借於人、善借於勢的典範，這也是他能成大業的訣竅。

劉備發勢於東漢末年，與曹操、孫權各據一方，長期呈現三國鼎立的態勢。就個人魅力與實力來說，曹操兵強馬壯，精於用兵，又善於權術；孫權雖無曹操的權威，但據江東的優越地勢，豪氣干雲，能夠劃得一分天下，不足爲奇，唯有劉備拙於兵法，白手起家，卻也能夠與其抗衡，其中緣由多與他善於借勢、借力、借人有關。

據傳，劉備是漢景帝之子中山靖王劉勝的後代，所以他始終以「劉皇叔」自居。劉備幼年生活清苦，父親早喪，只與母親販鞋織草席爲生，十五歲時外出求學，與同宗劉德然、公孫瓚拜盧植爲師，並與公孫瓚結爲好友，可以說從青年時代開始，他已深諳「借」之意義。西元一八四年，黃巾起義爆發，各地民眾紛紛起事，劉備在商人張世平、蘇雙資助下，投於鄒靖帳下，討伐黃巾義軍，立下戰功，被任命爲安喜尉。不久，由於劉備對鄒靖不滿而棄官逃亡。

這一段時期，劉備勢小力孤，他也清楚不可能獨自率衆起事，所以他因勢而變，甘心委曲求全，寄人籬下，曾先後依附於公孫瓚、陶謙、曹操、袁紹、劉表等人，就任過許多不同的官職，這些經歷可能在他登上帝位後說起來並不中聽，但這也恰恰是劉備在勢單力薄、事有不濟之時善於借勢的表現。此後，在劉備發現機會時將「借勢」的本領更是發揮得淋漓盡致。其中之一就是借人才而助己成勢。

劉備性格溫婉，喜歡結交朋友，且慧眼識才，從結義兄弟關羽、張飛，再到趙子龍、徐庶，還有令他如虎添翼、絕處逢生的諸葛亮。西元二〇七年，劉備經徐庶和司馬徽推薦，得知諸葛亮學識淵博，有經天緯地之才，便與結義兄弟關羽、張飛，三顧茅廬請諸葛亮助他以謀天下。在茅廬之中，劉備虛心請教諸葛亮天下大勢，諸葛亮根據當時的政治、軍事、經濟、地理與人和等多方面具體情況制定了奪取天下的策略，這就是著名的「隆中對」。

諸葛亮爲劉備分析說，曹操已打敗袁紹，擁兵百萬，實力強大，且又挾持天子以令諸侯，與其爭鬥，需要智慧與武力並用。孫權三代據於江東，地勢險要，百姓忠勇，手下還有一批將才良臣，所以，不能與之抗衡，只能和他聯手抗曹。爾後，諸葛亮分析了荊州和益州（今四川、雲南和陝西、甘肅、湖北、貴州的一部）的形勢，認爲荊州是重要的軍事要地，而且主人劉表無法守護此地，益州土地肥沃，其主人劉璋懦弱無能，可首先圖此兩地。

諸葛亮這一番精闢透徹的分析，使劉備從紛紜錯綜的政治勢力中分清了合作對象，最後奠定了三分天下有其一的偉業。從此，劉備借助於諸葛亮的謀略與才幹，按照「隆中對」的謀劃，逐步實現著復興漢室的大業。

在我們的生活與工作中也是如此，儘管我們一再強調，要自強自立，這自然是必要的條件，但適時地借助他人，可以讓你省略許多步驟，離成功更近。

當然，這並不是讓你凡事都依賴別人，而是在你遇到無法克服的困難，或是勢力弱小時，不妨用用巧勁，借勢而發，借助對手力量去發展，借助對手力量去生存。歷數歷史上成就了大事業大成就的人，絕不是完全憑藉自己一刀一槍打出來，也絕不會在孤單無援的情況下還要硬充好漢，而是在關鍵時刻，借助可以憑藉的力量，將許多勝利因素凝聚在一起，才最終成就了勝利之果。

關於「借」的藝術，不僅僅是劉備的專利，其實在當今市場競爭中，「借人立己」「借勢而發」已是常用的一種謀略，開發能力、技術能力弱小的企業憑藉實力強大的企業品牌發展自己。

在有氣魄的戰略家看來，借對方之力，要善於借巨人之力，借強者之力。

在現代商戰中，海爾善於巧妙地借用國外當地市場的力量，實現自己企業國際化的戰略。海爾的決策者認爲，國際化就是本土化。海爾在國外發展，要充分借助當地勢力和資源，這樣就可以消除消費者對外來品牌的抵觸，降低進入國的非關稅貿易壁壘，同時還可以解決國際商務人才缺乏的問題。因此，海爾堅持「當地設計、當地製造、當地銷售、當地融資、當地融智」的戰略。在美國，海爾在洛杉磯建立了設計中心，在南卡州建立了生產工廠，在紐約建立了行銷公司，三位一體，其雇員也主要是美國人，形成了「本土化」的海爾。

想飛就要培養風力，聰明人的做法，借他人而立己。那如何去借，自然也是有技巧的。「借」的關鍵在於讓強者無法產生效力，借力給自己，還要讓別人借不著力。借得巧，對自己的事業大有裨益；借得不巧，那可能會功虧一簣。所以，「借勢」需要看清眼前的形勢，「借力」需要力的轉換。只有運用這兩個方面的力量，「借」字的藝術功用才能發揮到極點，自己的事業和理想才會如虎添翼。

4 正念一念，同出心念

《大學》中先提到的「止於一」，止就是心念如何專一，這是最大的修養功夫。我們人的一切思想的混亂、煩惱、痛苦都是心念不能得止。心念得止是內在的基本修養，然後外在的行爲也要做到止，就是認定人生一個目標、一個方向、一個途徑，止於某一點。止於一，切戒雜，人生如此，事業如此，生活也如此。

人變得愚蠢的原因，有時不是智商太低、知識太少，可能正好相反：智商太高而濫用，知識太多而無用。這世上高智商的人不少，只有很少的人利用智商成就傑出事業，更多的人是在利用智商做損人不利己的傻事，甚至做出讓自己徹底毀滅的壞事。這世上知識豐富的人不少，但利用知識而有成就的人，不一定比書呆子多。

這是什麼原因呢？因爲頭腦中的想法太多。越聰明、知識越豐富的人，想法越多。但對於成就事業而言，根本就不需要那麼多想法。打個比方，去一個地方，有無數條可行之路，但眞正需要的其實不過一條路而已。不管是不是最好的道路，只要走下去，總能到達目的地。要是每條路都嘗試一下，也許一輩子都不能到達。做一件事情，有無數種可行之法，但眞正需要的其實不過一種方法而已，不管是不是最好的方法，總能成功。知道的方法太多，反而存在揀擇的麻煩，耽誤了正事。俗謂：「秀才造反，三年不成」，不是因爲他們知道的辦法太少，反而是太多了，所以三天兩頭開會討論，越討論越拿不定主意。反不如陳勝、吳廣之流，說幹就幹。所以，過多的想法不過是思想垃圾罷了，徒然佔用大腦記憶體。

如果能減少無益的想法，就會神定氣清，心明如鏡。遇到事情，思路清晰，不慌不忙，處置得宜。這樣的人，看似不夠靈活，反而是大器之才。

如何減少想法呢？斷際禪師說：「若欲無境，當忘其心，心忘即境空，境空即心滅。」這意思是說，不但要把想法從心裏空掉，連心都忘掉。如果把心忘掉了，自然什麼想法也沒有了。

不過，這樣的境界，大概只有禪師能做到。凡俗之人，偶爾能做到，大部分時間做不到。因爲人生在世，領了一份職責，想法太多固然不好，一點想法沒有肯定也不行。如何在兩者之間取得均衡？有兩個辦法：一是正念，二是一念。

所謂「正念」，就是端正思想。比如前面選宰相的故事中，那個落選大臣之所以睡不著，心裏肯定在想著當了宰相是如何榮光，如何燒好「三把火」，以證明自己才堪勝任，等等。這樣想，對自己的名利得失考慮得太多，思想就不端正了。當選的大臣之所以澹泊如水，無疑抱有忠誠敬業、忠君愛國之類的念頭。無論擔任什麼職位，都可以忠誠敬業，都可以忠君愛國，那麼職務的變化就不會在他心裏產生很大的波瀾。

所謂「一念」，就是用心專一，把注意力集中在自己眼前要做的事情之上。

有一年，希爾頓去瓜地馬拉談一筆生意。生意談妥後，他和陪同人員一起去風景區遊覽。在一處地勢十分險惡的峽谷，穀底奔騰著咆哮的急流，峽谷間有一座索橋，幾根光禿禿、晃悠悠的鐵索橫在峽谷間，它是到達對岸的唯一通道。這裏曾有人失足跌入深谷中，因而橋的兩端都寫著「請過橋者小心」的字樣。陪同人員都害怕出事故，誰也不願意過橋。希爾頓卻不聽勸阻，從容不迫地走上了索橋。他背著雙手，哼著小曲，很優閒地走了過去。然後，又很優閒地走回來，對幾位陪同人員說：「沒有任何問題，不必害怕。越害怕，你就會越緊張。別總想著危險。只想著對岸的美麗風景，我們就可以順利到達對岸了。」最後，在希爾頓的帶領下，所有人都順利到達了對岸。

陪同人員之所以害怕，是因爲想法太多：假如滑倒怎麼辦？假如突然颳起一陣狂風怎麼辦？假如頭腦暈眩怎麼辦？越是設想各種可能性，危險係數顯得越高，膽子也就越小。希爾頓根本不想這些，只想過橋賞景這件事，心裏沒有那麼多危險的感覺，自然從容不迫。

無論修行還是治事，鎮定功夫都十分重要。俗家以「泰山崩於前而色不變」爲最高定境，僧家以「對境無心」爲最高定境。所謂「制心一處，無事不辦」，只要進入定境，智慧便綿綿而生，沒有什麼事辦不成的。

5 命裏命外是禪意

尤其在偏遠的落後地區，看到茅屋破家裏頭，有些老人家穿得破破爛爛，食不果腹，有一餐沒一餐的，日子苦死了。你問他：「爲什麼不住兒子家養老？」他很輕鬆回答說：「我這一生注定命苦，只有認命！」聽了眞令人肅然起敬。他比誰都懂得人生哲學，「認了」就好了。

所謂「認了」，就是面對現實並勇於接受。用什麼態度怎麼對待現實，往往反映了人的世界觀和人生觀。

中國佛教號稱大乘，又以淨土宗和禪宗堪稱代表，淨土宗對待現實的態度極像南傳佛教，也是厭離加捨棄，不同的是他們還追求一個盡善盡美的世界，往生極樂世界是淨土宗的最高理想。禪宗則完全不同，禪師們都是善於發現美的高手，他們隨處都能找到快樂和自在，一縷清風、一片月光就能讓他們心滿意足，禪宗對待現實的態度是完全接納，絕對不會排斥一切的存在，既然善惡都已打破，當然隨處都可逍遙。

還有其他態度嗎？除了徹底否定現實和無條件接受現實之外，還有另外一種不同的人生態度，那就是勇於改造現實，這是一種承擔和挑戰，是毫不妥協也絕不放棄的人生態度。也許有人會懷疑，有這種類型的佛教徒嗎？在我們中國的佛教歷史中，擁有這種品質的佛教徒的確很少，但也不能說沒有，比如西行求法的玄奘法師身上就有這股精神，但沒有能夠形成氣候，也沒有變成一種傳統延續下來。

其實，我們從釋迦牟尼身上看到最多的正是第三種態度，爲什麼他發願到五濁惡世成佛？爲什麼他成佛後沒有獨享自在而是不辭辛苦到處說法度人？學佛除了學佛說的法也要學說法的佛，言教和身教是一體的。最大的教誨是不言之教，用心看看佛的所作所爲，弟子們應該學到更多。

生活的現實擺在每個人的面前，任何人都無法迴避，區別只在於：是主動地接受它，還是被動地接受它。生活的現實並不像理想那麼美好，它有陽光、雨露、鮮花，也有雷霆、嚴霜、枯葉，它是歡樂與痛苦，成功與失敗，友善與交惡……相互交織、混雜而成的一種複雜的形態。要想直面人生、接受現實，便首先要有面對痛苦、失敗、醜惡等等令人厭惡而又無法逃避的現象的勇氣。

記得法國文學史上卓越的民主作家羅曼・羅蘭曾說過：「我們應當敢於正視痛苦、尊重痛苦！歡樂固然值得頌讚，痛苦亦何嘗不值得頌讚！這兩位是姊妹，而且都是聖者。她們鍛煉人類展開偉大的心魂。她們是力，是生，是神。凡是不能兼愛歡樂與痛苦的，便是既不愛歡樂，亦不愛痛苦。凡能體味他們的，方懂得人生的價值和離開人生的不幸的甜蜜。」羅曼・羅蘭這番話的人生座標是很高的，只有站在人生的高處看待歡樂與痛苦，才可能以坦然的態度相對待，而不被痛苦所困擾，使生活在任何情形下都能有歡愉感。

人生是一場無休、無歇的鬥爭，每個人，都得時時刻刻在鬥爭中開拓人生的理想之路。要進行鬥爭，首先就要面對現實生活中的痛苦、磨難、失敗等等。要接受它，要樹立戰勝它的決心和勇氣。這樣的鬥爭是艱苦的，也是愉快的。而被生活的痛苦所壓倒、不去拼搏的人，到最後只能成爲痛苦的俘虜。好運永遠垂青那些勇於直面人生、敢於接受現實並爲改變自己處景而頑強拼搏、奮發努力的人！

日子一頁一頁翻過，我們在接受中得到了成長。當一次渴求已久的機會不小心與我們失之交臂時，不要埋怨，不要自責，學會接受，堅信機遇會時刻爲永不放棄者準備；當你眞心所愛的人離你而去時，不要難過，不要悲切，學會接受，堅信眞愛定會眷顧熱愛生活的人；當曾有的雄心壯志在挫折面前像脫線的風箏漸漸遠去時，不要委靡，不要消沉，學會接受，堅信憑著堅韌的意志定會找回失去的一切。學會接受，我們將增添一份歡樂；學會接受，我們將獲得更多的成功；學會接受，我們將與天地一樣具有包容世間一切的廣闊襟懷。

有時覺得，生活就是一座有著豐富內涵的大寶藏，散落於其中的是那麼多珍珠，我們有時只不過捕捉到了那一剎那的慰藉，然後，小心地連綴起來，綴成生命的美麗。讓我們學會接受，以願望的翅膀爲鉤，繫一線的浮子，讓期待在接受中高度充值，賦予時光全新的意義；讓我們學會接受，不要使自己成爲一塊拒絕融化的冰，別讓自己墜入井中，看不到天上的月亮。

海子說：「遠方除了遙遠一無所有。」遠方眞如一溝絕望的死水，清風吹不起半點漣漪嗎？小鳥婉轉的鳴啼，燕子綿綿的情話，小橋邊溫馨的流水人家，還有那「天蒼蒼，野茫茫，風吹草低見牛羊」的美景，難道這些是海市蜃樓？是空中樓閣嗎？窗外藍天下，一隻白鴿飛過，於是，嘴角掠過一抹不經意的微笑。因爲，已經學會在接受中感悟。

6 安之若命，自如是佛

我們生活在這兩種人之間，是很無可奈何的；「知不可奈何而安之若命」，但是矛盾的世界，只好矛盾地活下去，也不覺得你是高明，也不覺得我是混蛋，很平常地活著，「而安之若命」。

「隨遇」者，順隨境遇也，「安」者，一可理解爲聽天由命，安於現狀；二可理解爲心靈不爲不如意之境遇所擾，無論於何種處境，均能保持一種平和安然的心態，並繼續堅持自己的追求。前者之「安」，或可稱之爲「消極處世」，而後者之「安」，則需要一種良好的心理調節能力，甚至需要一種超脫、豁達的胸襟，不是人人都能做到的。

某天，有個人到寺廟裏去玩，他看見菩薩坐在上面，就問道：「請問菩薩，您在想什麼？」

菩薩說：「我什麼也沒有想。」

「那您的眼神我們為何猜不透？」

「噢，是這樣，」菩薩安詳地笑了笑，「我的心明靜得像水，可以清澈見底。我什麼也沒有想，也不受外界情況變化的影響。所謂的七情六欲，只是你們見到喜歡的東西或高興或悲傷，而我除了吃的外，認為別的都是身外之物。懂得這個道理，你就可以成為聖人了。把一個人比喻成佛，他一生下來，什麼都沒有。如果他能隨遇而安，當勞作時勞作，當休息時休息，能心情快樂，助人為善，那何愁不如彭祖活八百歲呢？」

「那我活這麼長時間幹什麼？」

「這個嘛，各人有各人的見識。」

「既然這樣，我可不想成佛，我就隨遇而安吧。多謝菩薩指點。下次再見。」

這個人走出了山門。

人要隨遇而安。這並不是主張讓我們不思進取而是強調要現實些，盡情欣賞和享受你所擁有的一切。而不是去做好高騖遠、不切實際的追求。

莊子有言：「古之眞人，其寢不夢，其覺無憂，其食不甘，其息深深（《莊子·大宗師》）。」眞人者，道家心目中的聖人也，而若在任何處境中都能做到睡覺時不做夢，醒來時無憂愁，飲食不求精美，呼吸均勻深沉，就要能夠隨遇而安。這種「安」，當然是心靈之安，而非安於現狀之安了。這種心靈之安，不僅可以使人「其寢不夢，其覺無憂」，而且可以使人樂觀處世，長保青春。

福州羅山道閑禪師去拜會石霜禪師，說：「心的靈知靈覺已現，卻往往會被一大堆紛亂的念頭束縛住了。在這種起伏不定的時候，我該如何用功呢？」

石霜禪師回答說：「最好是正視它，直接把各種念頭拋棄掉。」

道閑對這個答案不滿意，便又去請教巖頭全豁禪師，問了同樣的問題。

巖頭禪師說：「那狂妄之心該止時便會止，順其自然好了，管它幹嘛！」

人心總是紛亂複雜，起伏不定，智慧的人能夠順其自然。

人生在世，生死有命。人的生命不在於多麼的長久（長生不老又如何），而在於過得有意義，生活得有價值。我們順應自然，按照生命的自然法則去行事，就應該十分地珍惜自己，提高生命的價值，創造美麗的人生。

把握命運，最重要的是要做三條：一是正確對待「歸因於自然」。正確對待「歸因於自然」就是爲了順應自然，趨向「必然」；而順應自然，趨向「必然」就是爲了把握命運。二是正確對待「歸因於機遇」，也就是講，機遇降臨你了，你要抓住它，不要讓它與你擦肩而過；三是認真對待「歸因於我們自己」。既要順應客觀，在不違背客觀規

律的前提下行動，又要發揮主觀能動性，通過我們主觀努力來改善我們的處境！

7 寬心容人，無量佛法量無邊

我們人類的心理，有一個自然的要求，就是要求別人能夠很圓滿：要求朋友、部下或長官，都希望他沒有缺點，樣樣都好。但是不要忘了，對方也是一個人，既然是人就有缺點。再從心理學上研究，這樣希望別人好，是絕對的自私。

還有一句古語告誡我們——「水至清則無魚，人至察則無徒」，水過於清澈純淨，魚就難以生存；人過於精明而對別人過分苛察，就不能容人。後人多用此告誡人們：對待別人不要太苛刻，看問題不要過於嚴厲。

宋朝的呂蒙正不喜歡和人斤斤計較，它剛任宰相時，又一位官員在簾子後面指著他對別人說：這個無名小子也配當宰相麼？呂蒙正假裝沒有聽見，大步走了過去。其他參政為他憤憤不平，準備去查問是誰敢如此膽大包天，呂蒙正知道後，急忙阻止了他們。散朝後，那些參政還感到不滿，後悔剛才沒有找到那個人。呂蒙正對他們說：如果知道了他的姓名，那麼就一輩子也忘不掉。這樣的耿耿於懷，多麼不好啊！所以千萬不要查問此人的姓名，其實不知道他是誰，對我並沒有什麼損失啊！當時的人都很佩服他器量大。

誰人背後沒人說，誰人背後不說人？呂蒙正身爲宰相，如果因爲這個事情就跟別人較勁，既沒有氣度又浪費時間。

做人做事都不要過於苛刻。

宋太宗時候有人上奏說，汴河從事水運工作的管理中有人私運官貨到其他地方賣，影響到周圍的一些人，眾人頗有微詞。聽了這些話，太宗說：

「要將這些吸血鬼完全根除實在不是容易的事情，這就像以東西堵老鼠洞一樣無濟於事。對此不可以過於認真，只需將有協作的處分，影響極壞的首惡分子懲辦了即可。如有些官船偶有挾私行為，只要他沒有妨礙正常公務，就不必過分追究了。總之，這樣做也是為了確保官運物質的暢行無阻啊！」

站在一旁的宰相呂蒙正也表示贊同，他說：

「水若過清則魚不留，人若過嚴則人心背。一般而言，君子都看不慣小人的所作所為，如過分追究，恐有亂生。不若寬容之，使之知禁，這樣才能使管理工作順利開展。

從前，漢朝的曹參對司法與市場的管理非常慎重，它認為在處理善惡的執法量刑上應該有彈性，要寬嚴適度，謹慎從事，必然能使惡人無所遁形。這正如聖上所言，就是在小事上不要太苛刻。」

不過分吹毛求疵，凡事皆留有迴旋的餘地，對細枝末節不妨放過，這其實是大部分中國人的爲人處事信條。人無完人，顯微鏡看過去就更是千瘡百孔了，所以待人要寬，不要苛求。

要尊重他人的個性差異，諒解、理解其一般的弱點、缺點，過分挑剔的人自然不會有朋友。「舉大德，赦小過，無求備於一人之義也。」特別是手中握有權柄之人，更不用說。成天對下屬頤指氣使，成了孤家寡人，還有啥意思。人際關係過分緊張以至無法相處，一天累不累？要想實現和諧那是空話。爲人處事要講原則，講原則的關鍵就看度的把握怎樣。過猶不及，寧願不及也不要過。「大肚能容，容天下難容之事；開口便笑，笑天下可笑之人」就是至理名言。

俗話說得很好：「責人之心責己，恕己之心恕人」。批評別人時應想想自己做得是否夠好，寬恕自己的時候也應想想對別人不能太苛刻，正所謂「將心比心」。一味的恕己責人，只會讓自己不思進取，蠻橫無理。常責己，就會發覺有很多事並不像自己想像

的那樣，於是加以修正；多恕人，退一步海闊天空，給別人，也給自己一個機會。其實只要多站在別人的角度上看看問題，多考慮考慮別人的想法，這樣就不會太主觀、偏頗，而且也可以免去諸多誤會，己所不欲，勿施於人。如果能做到這樣的話，可以算得上是眞正的君子了。

8 境界高處還有更高

一個知識的範圍，包括學問、眼光、氣度。一個人生沒有眼光的，只看到現實，再看遠一點也是有限的；一個有遠見、有高見的人，才有千秋大業，永遠的偉大。

《逍遙遊》全篇的內涵，首先就是人生要具有高見，就是普通我們講的見地、見解、眼光、思想。一個人沒有遠見，沒有見解，如想事業成功，或者完成一個美好人生，是不可能的事。後來中國的禪宗，也首先講求「具見」，先見道才能修道，如果修道的人沒有見道，還修個什麼道呢？等於說我們見到了金子，才想辦法把金子做成東西，如果連黃金都沒有看到，只在那裏瞎想，有什麼用！不僅是修道人必須先要見道，

就是普通人也要眞正了解人生，才能夠懂得如何做一個人。所以，莊子首先提出了——「具見」。

不管世間法出世間法都一樣，一個人要得大機大用，必須要具備眞知灼見，所以禪宗要具見。見什麼東西呢？見智。佛學的名詞，眞知灼見的那個智慧的智。所以啊，眞知灼見是見智之所見，非心思之所思，這不是一般心、一般意識所能夠了解的。他講的是神化，精神的神，變化到達無何有之鄉，才眞的逍遙自在。也就是佛家講的眞解脫。

如果您想成功，就必須確定您人生的遠見。您的遠見不能由別人給您。如果那不是您自己的遠見，您就不會有實現它的決心與衝動。這遠見必須以您的才能、夢想、希望與激情爲基礎，遠見是了不起的東西，它還會對別人產生積極的影響。特別是當一個人的遠見與他的命運（特別是他存在的目的）不謀而合時。

有遠見的人通常眼光比別人看得更遠一些，有預言未知的勇氣和創造未知的信心。目光短淺的人，看不透明天。

一個人要想在這個競爭的時代取勝，就要具備眞知灼見，對事物的發展具有遠見卓識，只有比未來快一步，才能走在時代的前面，贏得成功。

一個青年同別人一同開山，當別人把石塊砸成石子運到路邊，賣給建房的人時，他

卻直接把石塊運到碼頭，賣給城裏的花鳥商人。因這兒的石頭總是奇形怪狀，他認為賣重量不如賣造型。三年後，他成為村上第一個蓋起瓦房的人。

後來，不許開山，只許種樹，於是這兒成了果園。漫山遍野的鴨梨招來八方客商，他們把堆積如山的梨子，成筐成筐地運往北京和上海，然後再發往韓國和日本。因為這兒的梨，汁濃肉脆，美味無比。

就在村上的人為鴨梨帶來的小康日子歡呼雀躍時，賣過石頭的果農賣掉果樹，開始種柳。因為他發現，來這兒的客商不愁挑不到好梨子，只愁買不到盛梨子的筐。五年後，他成為村裏第一個在城裏買房的人。

再後來，一條鐵路從這兒貫穿南北，小村對外開放，就在一些人開始集資開工廠的時候，還是那個農民，在他的地頭砌了一垛三米高、百米長的牆。這垛牆面向鐵路，背依翠柳，兩旁是一望無際的萬畝梨園。坐車經過這兒的人，在欣賞盛開的梨花時，會突然看到四個大字：「可口可樂」。據說這是五百里山川中唯一的一個廣告，那垛牆的主人憑這垛牆每年有四萬元的額外收入。

二十世紀九〇年代末，日本豐田公司亞洲區代表山田信一來華考察，當他坐火車路過這個小山村時，聽到這個故事，他被主人公罕見的商業化頭腦所震驚，當即下車尋找這個人，並以百萬年薪聘請了他。

這個青年爲什麼成功？除了他的商業化頭腦以外，還有洞見先機的能力，他有遠見，總能比未來快一步，所以說總能取得成功。

比爾·蓋茨說：「隨時嘗試新事物，從事新投資，尋找新市場，而且永遠比未來快一步，具有這種雄心與條件的人，才能被稱爲是成功的人。」在現代社會裏，要成功，絕不僅靠單一的條件，但最重要的是「比未來快一步」的遠見，因爲只有具有了眞知灼見，才能把握住成功的機遇，最後取得成功。

第五章

以佛心修自在心

——往來坐臥，禪影相隨

1 莫放縱，真自在

最難管的是自己，尤其是自己的思想與情緒。

你們要做老闆、領袖，搞管理學，先管理自己吧！管理好自己性情，管理好智慧，管理好理性，然後再管理別人，再談事業。

偉大就是管理自己。很多人以爲偉大就是領導別人，這實際上是錯的。成爲一個成功管理者，要花50%以上精力管理好自己。當你不能管理自己的時候，你便失去了所有領導別人的資格和能力。當一個人走向偉大的時候，千萬要先把自己管理好，管理好自己的金錢、自己周邊的人脈社會關係，管理好自己的行爲。你管理好了自己，我們稱之爲自律，稱之爲守法，很多類似的美德就有了。管理好自己，才能取得領導的資格，才能在組織中成爲最好的成員。其他成員多少有些放縱，而你是最好的成員，所以大家會信任你，才敢把命運寄託在你——一個首先能管理好自己的人身上。

假如你是一個管理者，試問——

一個管理不了自己的人，如何管理別人？

一個每天上班不守時的人，下屬會守時嗎？

一個下班逛街泡吧看連續劇，書都不翻一下的人，下屬會熱愛學習、追求進步？

一個上班常打私人電話、上網聊天的上司，下屬會集中精神、全力以赴工作？

一個背後說客戶壞話、算計客戶的上司，你能要求下屬心正意誠、以客爲先？

……

相反——

一個颳風下雨、雷打不動準時上班的上司，他的下屬很少敢遲到早退！

一個天天學習、不斷進取的上司，他的下屬不更努力，很快就會被淘汰！

一個嚴以律己的上司，他的下屬也不敢造次！

一個對客戶畢恭畢敬、眞誠服務的上司，他的下屬如何敢傲慢滑頭？

……

管理好自己的人，他的部門不用怎麼管理，下屬都很自覺。

一個管理不好自己的人，他的部門怎麼管也管不動，上樑不正下樑歪！

所以，人無論是領導還是普通人，都一定要管好自己。

管好自己，是一種習以爲常的自我約束，是一種處之泰然的自我調控，是一種以身作則的自我標榜。

管好自己，就是管好你自己的「口德」，不要像「長舌婆」那樣總是喜歡到處挑撥離間、搬弄是非；管好自己，就是管好你自己的「手長」，不要像「老鼠」那樣總是喜歡到處日出夜遊、偷食葷腥；管好自己，就是管好你自己的「長腿」，不要像「狗腳」那樣總是喜歡到處踐踏草坪、跨越雷池；管好自己，就是管好你自己的「思想」，不要像「脫了韁繩的野馬」那樣總是喜歡到處馳騁平原、拈花惹草！

其實，管好自己是非常簡單的，只要你凡事三思而後行就不怕選錯方向、背道而馳；只要你交流都謙虛謹慎就不怕出口傷人，遭到衆人嫌棄；只要你爲人都光明正大就不怕大家非議，有失公理；只要你款待都一視同仁就不怕偏長護短，斯文掃地。

管好自己，是你生活中的一種固然的必須，也是你生命裏的一種誠然的必要，更是你人生的一種欣然的必定！

有一個學僧元持在無德禪師座下參學，雖然精勤用功，但始終無法對禪法有所體悟，故有一次在晚參時，元持特別請示無德禪師道：「弟子進入叢林多年，一切仍然懵懂不知，空受信施供養，每日一無所悟，請老師慈悲指示，每天在修持、作務之外，還有什麼是必修的課程？」

無德禪師回答道：「你最好看管你的兩隻鷲、兩隻鹿、兩隻鷹，並且約束口中一條

蟲。同時，不斷地鬥一隻熊和看護一個病人，如果能做到並善盡職責，相信對你會有很大的幫助。」

元持不解地說道：「老師！弟子孑然一身來此參學，身邊並不曾帶有什麼鷲、鹿、鷹之類的動物，如何看管？更何況我想知道的是與參學有關的必修課程，與這些動物有什麼關係呢？」

無德禪師含笑地道：「我說的兩隻鷲，就是你時常要警戒的眼睛——非禮勿視；兩隻鹿，是你需要把持的雙腳，使它不要走罪惡的道路——非禮勿行；兩隻鷹，是你的雙手，要讓它經常工作，善盡自己的責任——非禮勿動；我說的一條蟲就是你的舌頭，你應該緊緊約束著——非禮勿言；這隻熊就是你的心，你要克制它的自私與個人主義——非禮勿想；這個病人，就是指你的身體，希望你不要讓它陷於罪惡。我想在修道上這些實在是不可少的必修課程。」

善於管理自己，專注地精勤用功，做到「非禮勿視，非禮勿行，非禮勿動，非勿言，非禮勿想」，才能順利實現自己的目標。

2 我就是佛，求人不如求己

眞正的佛同其他許多宗教一樣，是反對拜偶像的。那爲什麼畫的佛、塑的菩薩都可以拜呢？答案是四個字「因我禮汝」。因爲我的形象存在，你起恭敬心拜下來，那個像是一個代表而已。你這一拜不是拜我，是拜了你自己，你自己得救了。任何宗教最高的道理都是一樣，不是我救了你，是你自己救了你自己。

你就是自己的救世主，要相信自己的力量。

每個人心靈深處都有一盞光明的燈。只要肯努力、肯立志、肯腳踏實地地生活和工作。那盞光明燈便能大放異彩。它給人溫暖，給人信心，助長志氣，照亮前程。

有一天，一位禪師為了啟發他的門徒，給他的徒弟一塊石頭，叫他去蔬菜市場，並且試著賣掉它。這塊石頭很大，很好看。但師父說：「不要賣掉它，只是試著賣掉它。注意觀察，多問一些人，然後只要告訴我在蔬菜市場它能賣多少錢。」

這個人去了。在菜市場，許多人看著石頭想：它可以做很好的小擺件，我們的孩子

可以玩，或者我們可以把這當作稱菜用的秤砣。於是他們出了價，但只不過幾個小硬幣。徒弟回去後說：「它最多只能賣到幾個硬幣。」

師父說：「現在你去黃金市場，問問那兒的人。但是不要賣掉它，光問問價。」從黃金市場回來，這個門徒很高興，說：「這些人太棒了。他們樂意出到一千塊錢。」師父說：「現在你去珠寶商那兒，但不要賣掉它。」他去了珠寶商那兒。他簡直不敢相信，他們竟然樂意出五萬塊錢，他不願意賣，他們繼續抬高價格——他們出到十萬。但是徒弟說：「我不打算賣掉它。」他們說：「我們出二十萬、三十萬，或者你要多少就多少，只要你賣！」徒弟說：「我不能賣，我只是問問價。」他不能相信：「這些人瘋了！」他自己覺得蔬菜市場的價已經足夠了。

他回去，師父拿回石頭說：「我們不打算賣了它，不過現在你明白了，這個要看你。看你是不是有試金石、理解力。如果你是生活在蔬菜市場，那麼你只有那個市場的理解力，你就永遠不會認識更高的價值。」

佛家說：「自信自立是修行者的思想基礎。」在很大程度上，你可以掌握自己的命運，決定自己的價值！堅信「天生我材必有用」，才能充分發展自我。

有一種植物叫蔦（ㄋㄧㄠˇ），它的身體又細又柔軟，自己無法長高，只能沿著別的高大的植物往上爬。慢慢的蔦的枝葉茂盛起來，還結了不少紅黑的果實。一天，一個過路人見了蔦，摘了一個果實吃。

「真甜啊！長得也漂亮！」他誇蔦說。蔦聽了十分得意。

後來，一個木匠上山砍樹。他看了看被蔦纏繞的那棵大樹說：「這棵樹做房梁正好！」木匠拿出斧頭，砍起樹來。

「他會連我一起砍斷！」蔦很害怕，它想離開大樹，可是它平時纏得太緊了，現在想離開也做不到了。最後大樹倒下了，蔦也跟著斷了。

有人感歎說：「如果蔦能夠自己生長，就不會遭到刀劈斧砍的橫禍了。」

人們在生活中常常會遇到一些這樣或那樣幸與不幸的遭遇，要接觸各種各樣的機緣，要經歷種種的坎坷與風雨，這些都是人在自己人生航線上所必不可少的風景。如果，一個人天生就生活在一個優越而又無憂無慮的家庭，他的未來早已被他的家人安排、設計好了，而且家人還爲他的人生鋪好了一條陽光般的道路讓他能夠順順利利地去走。可以說他的人生根本不需要自己操心，不需要自己去闖，更不需要他的翅膀來承擔生活的重擔。但這樣一個所謂「含著金磚」出世的人，他能體會到人生的滋味嗎？他能找到人世間眞正的幸福嗎？人生眞正的幸福，莫過於用自己的力量取得成功所換來的喜悅。

與其靠別人的施捨，不如靠自己去發憤圖強，只有自己才眞正靠得住。

有人問希臘大學問家安提司泰尼：「你從哲學中獲得什麼呢？」他回答說：「同自己談話的能力。」

同自己談話，就是發現自己，發現另一個更加眞實的自己。

法國大文豪雨果曾經說過：「人生是由一連串無聊的符號組成。」的確，我們生活中的大多數時光都在很普通的日子裏度過。有時，看似很正常的生活，感受上卻似走進生活的誤區。有點渾噩，有點疲憊，有點茫然，有點怨恨，有點期盼，有點兒幻想，總之，就是被一些莫名其妙的情緒、感受佔據了內心，而懶得去釐清。

於是，我們總是在冥冥之中希望有一個天底下最了解自己的人，能夠在大千世界中坐下來靜靜傾聽自己心靈的訴說，能夠在熙來攘往的人群中爲我們開闢一方心靈的淨土。可芸芸衆生，「萬般心事付瑤琴，弦斷有誰聽？」

其實，我們自己，不就是自己最好的知音嗎？世界上還有誰能比自己更了解自己呢？還有誰能比自己更能替自己保守秘密呢？朋友，當你煩躁、無聊的時候，不妨和自己對對話，讓心靈退入自己的靈魂中，使自己與自己親密接觸，靜下心來聆聽自己心靈的聲音，問問自己：我爲何煩惱？爲何不快？滿意這樣的生活嗎？我的待人處世錯在哪裡？我是不是還要追求工作上的成就？我要的是自己現在這個樣子嗎？生命如果這樣走完了，我會不會有遺憾？我讓生活壓垮或埋沒了沒有？人生至此，我得到了什麼？失落了什麼？我還想追求什麼？

這樣，在自己的天地裏，你可以慢慢修復自己受傷的尊嚴，可以毫無顧忌地「得意」，可以一絲不掛地剖析自己。你還可以說明自己、感動自己、征服自己。有位作家說的一段話很有道理：「自己把自己說明，是一種理智的勝利；自己被自己感動了，是一種心靈的昇華；自己把自己征服了，是一種人生的成熟。」把自己說明了、感動了、征服了，人生還有什麼樣的挫折、痛苦、不幸我們不能征服呢？

「求人不如求己」。自力更生的精神有助於一個人的成功。遇到困難的時候，不要只依賴別人。首先要付出自己的全部力量。

3 冷中火熱中冰，塵非塵苦非苦

心境是一種比較微弱、持久、具有渲染性的情緒。人隨時處在某種心境之中，只是不一定爲我們所意識到罷了。心境的不同，對生活的方方面面都帶來影響。如果心境愉快，就好比戴上了玫瑰色的眼鏡，看什麼都是喜氣洋洋的，使人振奮樂觀，朝氣蓬勃；可如果心境不佳，眼鏡就換成了灰色，覺得一切都惹人生厭，使人頹喪悲觀，灰心喪氣。引起心境的原因是多方面的。個人生活中的重大事件，事業的成敗，工作學習的順利與否，與周圍人們相處的關係怎樣，以及健康狀況等都可能引起某種心境。

小和尚凡了什麼事情都發愁。他之所以憂慮，是因為覺得自己太瘦了；他覺得自己現在過的生活不夠好；他很擔憂他給別人留下不好的印象；他很擔憂，因為他覺得自己得了胃病，他無法讀經書……

凡了決定到九華山去旅行，希望換個環境能夠對他有所幫助。他上路前，師父交給他一封信並告訴他，等到了九華山之後再打開看。

凡了到九華山後覺得比在自己的廟裏更難過，因此，他拆開那封信，看看師父寫的是什麼。

師父在信上寫道：「徒兒，你現在離咱們寺廟三百多里，但你並不覺得有什麼不一樣，對不對？我知道你不會覺得有什麼不同，因為你還帶著你的有麻煩的根源——也就是你自己。無論你的身體或是你的精神，都沒有什麼毛病，因為並不是你所遇到的環境使你受到挫折，而是由於你對各種情況的想像。總之，一個人心裏想什麼，他就會成為什麼樣子，當你了解這點以後，就回來吧！因為那樣你就醫好了。」

他師父的信使他非常生氣，凡了覺得自己需要的是同情，而不是教訓。當時，他氣得馬上決定永遠不回自己的廟了。那天晚上，經過一座小廟，因為沒有別的地方好去，凡了就進去和一位老和尚聊了一個時辰的天。老和尚反覆強調的是：「能征服精神的人，強過能攻城占地。」

凡了坐在蒲團上，聆聽著老和尚的教誨，聽到和他師父同樣的想法——這一來就把他腦子裏所有的胡思亂想一掃而空了。

凡了覺得自己第一次能夠很清楚而理智地思想，並發現自己真的是一個傻瓜——他曾想改變這個世界和全世界上所有的人——而唯一真正需要改變的，只是自己的心態。

第二天清早，凡了就收拾行囊回廟去了。

當晚，他就平靜而愉快地讀起了經書。

我們內心的平靜和我們由生活所得到的快樂，並不在於我們在哪裡，我們有什麼，或者我們是什麼人，而只在於我們的心境如何，與外在的條件沒有多少關係。

心是脆弱的，易碎、易折、易損，我們應當好好呵護它。不要讓心情太激盪，在發熱時投入一塊冰；不要讓心情太憂鬱，在發冷時生起一盆火；不要讓心情太煩悶，到綠水青山間去，讓煩惱消散於藍天白雲、鳥語花香中；不要讓心情太愁苦，從濃處化淡，從淡處化濃，從得處看失，從失處看得；不要讓心情太浮躁，鬧中取靜，忙中偷閒，在柔婉的音樂裏讓音符洗去心渠上懸浮的泥沙；不要讓心情太狂妄，將生命中最美好的時光與人一道分享；從最新的時代資訊中萃取生命的活力，不要讓心消沉；從一切思想資源中選擇和提煉根本智慧，不要讓心受傷。

自己的心境調理正常了，才能看外部世界「雲白山青，川行石立，花迎鳥笑，漁唱樵歌，世亦不塵，海亦不苦……」（《菜根譚》）一片生機。也才會「我見人歡喜，人見我喜歡」，由表及裏，標本兼治地解決「誰得罪誰」的問題。

4 苦海須苦修，磨難真況味

人生外部世界的進取，必得經歷許多令人難以忍受的寂寞、痛捨和憂傷的浸泡，才能走向成熟和豐盈。成功固可喜，失敗亦不可悲。而且通向成功過程中的曲曲折折、跌跌撞撞、尋尋覓覓、風風雨雨，期待、失望和磨礪，才是人生的眞正況味。

孟子云：「天將降大任於斯人也，必先苦其心志，勞其筋骨，餓其體膚，空乏其身，行拂亂其所爲。所以動心忍性，曾益其所不能。」吃得苦中苦，方爲人上人。遍觀古今中外的成功人士，沒有任何人能輕輕鬆鬆取得突出成就。所以大師說「動心忍性」是修養的眞功夫。

人生在有限的時間裏經營好自己，堅忍圖強，以求用有限的能量盡最大努力把可能做好的事情眞正做得「止於至善」，便可稱英雄。

一個屢屢失意的年輕人，千里迢迢來到普濟寺，慕名尋到老僧釋圓，沮喪地對他說：「人生總不如意，活著也是苟且，有什麼意思呢？」

釋圓靜靜聽著年輕人的歎息，未了吩咐小和尚說：「施主遠道而來，燒一壺溫水送過來。」

不一會兒，小和尚送來了一壺溫水，釋圓抓了些茶葉放進杯子，然後用溫水沏了，微笑著請年輕人喝茶。杯子微微冒出水汽，茶葉靜靜浮著。年輕人不解地問：「寶剎怎麼用溫茶？」

釋圓笑而不語。年輕人喝了一口，細品之後，不由得搖搖頭：「一點茶香都沒有。」

釋圓說：「這可是閩地名茶鐵觀音啊！」

年輕人又端起杯子品嘗，然後肯定地說：「真的沒有一絲茶香。」

釋圓又吩咐小和尚：「再去燒一壺沸水送來。」

又過了一會兒，小和尚提著一壺冒著濃濃白煙的沸水進來了。釋圓起身，又取過一個杯子，放茶葉，倒沸水，再放在茶几上。年輕人俯首看去，茶葉在杯子裏上下沉浮，絲絲清香不絕如縷，望而生津。

年輕人欲去端杯，釋圓作勢擋開，又提起水壺注入一線沸水。茶葉翻騰得更厲害了，一縷更醇厚、更醉人的茶香嫋嫋升騰，在禪房彌漫開來。釋圓這樣注了5次水，杯子終於滿了，那綠綠的一杯茶水，端在手上清香撲鼻，入口沁人心脾。

釋圓笑著問：「施主可知道，同是鐵觀音，為什麼茶味迥異嗎？」

年輕人思忖著說：「一杯用溫水，一杯用沸水，沖沏的水不同。」

釋圓點頭：「用水不同，則茶葉的沉浮就不一樣。溫水沏茶，茶葉輕浮水上，怎會散發清香？沸水沏茶，反覆幾次，茶葉沉沉浮浮，才會釋放出四季的風韻：既有春的幽靜、夏的熾熱，又有秋的豐盈和冬的清冽。世間芸芸眾生，也和沏茶一樣。不經過沸水的沖沏，再好的茶也沒有味道；不經過刻骨銘心的磨煉，再有才華的人也成不了大事。擺脫失意最好的方法就是苦練內功，提高自己的能力。」

年輕人茅塞頓開，回去後刻苦學習，虛心向人求教，不久就引起了周圍人們的重視，成就了一番事業。

古人云：「不經一番寒徹骨，焉得梅花撲鼻香。」

水溫夠了茶自香，功夫到了事自成。要想獲得理想的人生，擺脫不受重視的狀態，最有效的方法就是在苦難中磨鍊自己。

5 無主無見，無佛可求

沒有人生觀，都是跟著大家走，那叫做隨波逐流。跟著時代的浪潮隨便轉，這是很有問題的。

做你想做的事，說你想說的話。不要隨波逐流，眞實地面對自己，尊重內心的感受，這也是人生一大快事。

人才可貴之處就在於有主見，有創見，不隨波逐流，不看眼色行事，這種人才是有思想、幹實事的人。

大梅禪師學了很多年禪，儘管他學習十分努力，但是一直沒有悟道。有一天，他去請教馬祖禪師：「佛是什麼？」馬祖禪師回答：「即心即佛。」大梅禪師恍然大悟。開悟後，大梅離開了馬祖禪師，下山弘揚佛法。當馬祖禪師聽說大梅開悟的時候，不太相信，心想：「以前他學了那麼多年佛法，怎麼一下子就開悟了呢？且叫一個人去試他！」於是馬祖派自己的弟子前去試探大梅。這個人見到大梅禪師，就問道：「師兄，

師父說了什麼話讓你頓悟了呢？」大梅回答：「即心即佛。」這個人說：「師父現在已經不說『即心即佛』了！」大梅驚奇地道：「哦！那他現在說什麼？」那個人說：「老師現在經常說『非心非佛』。」大梅聽了以後，笑著說：「這個老和尚，不是存心找人麻煩嗎？我才不管他的什麼『非心非佛』，我依然堅持我的『即心即佛』。」這個人回去將事情的經過告訴了馬祖禪師，禪師激動地說：「梅子真的成熟了。」意思是說，大梅禪師真的是開悟了。

做人就應該有自己的主見，不要人云亦云，被別人牽著鼻子走。

現在，有些人大事幹不來，正事幹不了，邪門歪道可不少，專門愛在雞蛋裏挑骨頭，說風涼話，唱對臺戲，不是這不對，就是那不行，自由主義相當嚴重。這些人大致可分爲三種類型：

一是自以爲是型，誰都不如他，就他高明，別人做什麼他都看不上眼兒，甚至打「橫」；

二是妄言評論型，對別人的工作、主張品頭論足，說三道四，這兒不合理了，那兒不對頭了等等；

三是小肚雞腸型，忌恨別人爭先創優，諷刺別人好學上進，唯恐別人走在他前面而

挑剔、指責、奚落等等。

所以，聽信他們的，不僅什麼事都幹不成，而且還會鬧出「爺孫抬驢」的笑話來。這些人同病相連，同生於一個禍根——思想方法的片面性、思維方式的簡單化。當然，也不排除個別人思想意識有問題。對這些人的所言所語，我們只能回敬四個字：不信不聽。正如哲人所說，走自己的路，別人愛怎麼說怎麼說。

自己沒有主見就等於沒有思想，自己沒有主張就等於沒有主意，那樣會一生無用，一事無成。

哲學家蘇格拉底拿出一個蘋果，站在講臺前說：「請大家聞聞空氣中的味道。」一位學生舉手回答：「我聞到了，是蘋果的香味！」蘇格拉底走下講臺，舉著蘋果慢慢地從每個學生面前走過，並叮囑道：「大家再仔細地聞一聞，空氣中有沒有蘋果的香味？」

這時已有半數學生舉起了手。蘇格拉底回到了講臺上，又重複了剛才的問題。這一次，除了一名學生沒有舉手外，其他的全都舉起了手。蘇格拉底走到了這名學生面前問：「難道你真的什麼氣味也沒有聞到嗎？」那個學生肯定地說：「我真的什麼也沒有聞到！」這時，蘇格拉底向學生宣佈：「他是對的，因為這是一隻假蘋果。」這個學生就是後來大名鼎鼎的哲學家柏拉圖。

人生的旅途十分短暫，你應該珍惜自己所擁有的選擇和決策的權利，雖然可以參考別人的意見，但千萬不要隨波逐流。不要讓任何人的意見淹沒了你內在的心聲。

生活本身就是一悲劇，一次征服，一次搏鬥，但如果讓你在生存和死亡之中，任選其一，那麼你會選擇什麼呢？假如你選擇了生存，那麼就會遭受生活中的種種挫折、失敗，甚至絕望。那你有後悔選擇它嗎？因爲它本身就是一個悲劇，所以你不要隨波逐流。那麼如果你選擇死亡也就意味著你放棄生活中所擁有的快樂與歡笑，你就這樣孤獨地告別你的家人、朋友，所以不管最後做出什麼樣的選擇，你都不要後悔，更不能埋怨自己，因爲那是你最終所做的選擇。

人的一生精力是有限的，因此必須要面臨種種選擇，正是這些不同的選擇才構成了人生，而選擇既是快樂的，又是痛苦的，快樂的是你做了自認爲最有價值的事，痛苦的是你要放棄一些較快樂而有價值的事。這就是人生。

假如我們每個人都有自強不息的精神支柱和卓爾不群的人生價值觀，無論是當官的還是一介草民，我們都是站在社會責任與自我價值的最佳交會點上。面對人生帳本，我們都無怨無悔。

6 虛心竹下垂葉，傲性梅仰面花

有很多傲慢的人，你研究一下他們的心理，他們下意識裏一定有自卑感的。所以我們常說，一個非常傲慢的人，就是因爲他自卑感太重。因爲傲慢是對自卑的防禦，生怕別人看不起自己，所以要端起那個架子來。沒有自卑感的人很自然，你看得起我，還是看不起我，我就是我，我就是這個樣子，是很自然的。人到了這個境界，是眞的認識了自我。所以人頂天立地，古往今來，無非一個我。

秋日的午後，鄉野間彌漫著濃濃的喜悅，一串串晶瑩飽滿的稻穗，在亮麗的陽光下，閃耀著金黃的光輝，你仔細觀察過沒有？愈是結實累累的莖杆，腰卻是彎得愈下墜！

大自然多得是無言的老師，就像「虛心竹有下垂葉，傲性梅無仰面花」一樣，無不時時提醒，句句叮嚀——要有謙沖的胸懷，千萬不可目中無人，自大無禮，那是不討人喜歡的。

大凡傲慢之人，總是一副高不可攀的態度，自以爲樣樣比別人強，看不起別人，愛

頤氣支使，呼來喝去，言談間總是誇張自己的本事，挖苦別人的技術，短時間，或許眾人尚能容忍，不與之計較，但長久下來，傲慢就如一把利刃，已嚴重傷害彼此的情誼，傷痕累累的怨懟遲早會淹沒了無知的身軀。

法國有名的拿破崙，也曾發生一件有趣的事情，你也不妨做個參考——

當拿破崙登上皇位之後，有一次到外地旅行，經過一個小鎮，就在一家旅館住下來，休息了一會兒，換上一身便服，到街上去散步。由於衣服很樸實，完全顯不出皇帝的身分，所以走到街上，沒有人特別注意。

沒想到在街上拐彎抹角走了很久，拿破崙竟然迷路了。他站在十字路口東張西望，不知到哪一條是回旅館的路，剛好有一個軍官模樣的人站在一所房子門口抽菸，拿破崙就走過去向他問路，很客氣地對他說：「朋友，請問哪條路是通到鎮上旅館的？」

那個人嘴裏叼著煙斗，愛理不理地看看拿破崙，隨便伸手一指，意思是叫他走右邊的那一條路，雖然那個人態度十分傲慢，拿破崙還是心平氣和地說：「謝謝您，請您再告訴我，旅館離這裏有多遠？」那個人很不耐煩地回答說：「一英里！」說完就轉過頭去，不想再理他了。

拿破崙謝了謝他，走了幾步，忽然又走回來，對那個人說：「對不起，請問您在軍隊是什麼階級？」那個人煙斗裏的火光閃了一下，很神氣地說：「猜猜看！」「是中尉吧？」那個人嘴角吐出白煙，很得意地說：「再往上猜！」拿破崙說：「上尉？」「還得往上呢！」「少校？」那個人說：「不錯，讓你猜著了！」拿破崙就向那位少校鞠躬，表示敬意。

正當拿破崙轉身要走，這位少校卻馬上反問他：「你也是軍人吧？是什麼階級，快告訴我！」拿破崙眨眨眼睛：「你也猜猜吧！」「中尉？」「往上猜」「上尉？」「再往上猜？」「難道你也是少校嗎？」拿破崙說：「還要往上猜。」

少校拿下嘴裏的煙斗說：「難道長官是上校嗎？」

拿破崙微笑說：「還要再往上猜。」

少校馬上立正說：「閣下一定是將軍嘍！」

拿破崙笑著說：「還要再往上哦！」

少校立刻彎腰敬禮說：「您就是當今的皇帝陛下嗎？」

拿破崙說：「對了！」少校聲音發顫，很惶恐地說：「陛下，請赦免我的罪吧！」

拿破崙大笑說：「我的好少校，你並沒有犯什麼罪呀！」

我有什麼權利責罰你呢？不過我想勸你一句話，以後對待人，不要太傲慢，還是謙和一點好。」

人的胸襟、氣度、涵養，在短暫接觸中，一覽無遺，還好是遇到寬宏大量的拿破崙，就當作學一次教訓吧！要是換了別人，恐怕打躬作揖，再多的抱歉都換不回無盡的後悔至極啊！

傲慢，從字義上分析，應該是驕傲與慢待兩個意思的組合。傲慢，還應該有傲然加緩慢的意思。我們常常見到的領導，幾乎都是傲然肅立，動作慢騰騰，說話慢吞吞。我們誰在正規場合見到過某位領導如同燒了屁股的猴子似的，竄來竄去？領導嘛，寧可讓狼咬了屁股，也不能亂了步子。由此說，傲慢肯定不是常態，應該是特定人物在特定場合所表現出來的特定姿態。或者說，是一種特定場合的態度。我們都沒有見過一個吃飯、睡覺、上洗手間都傲慢十足的人，正趕上他拉肚子，他還能一板三眼地解褲帶？得，他肯定要對不起褲襠一回或者幾回了。

俗語說得好：「整瓶油，搖不響，半瓶醋，響叮噹！」愈是傲慢之人，愈暴露出個人學養的不足，殊不知「人外有人，天外有天」。些微的知識、技藝，哪能就此眼高於頂，看不起人呢？至聖孔子，他能難窺堂奧，尚四處虛心求教，問禮老聃、訪樂萇弘；高僧印祖，修行何其高妙，仍常以「慚愧」自居，時時不忘「看一切人皆是菩薩，唯我一人實是凡夫，想想自己，尚在匍匐求知，一切懵懵懂懂，豈可貢高我慢，輕視他人。」

傲慢與炫耀不同。傲慢是照片，讓人看的。炫耀是電影，是演給人看的。傲慢是居高臨下的，常常是表現自己天賦的高貴。炫耀者常常身居下位，是爲不讓別人小看了自己。小人乍富，常常是炫耀。

所以，勸世人放下傲慢的僞裝，去一分傲慢，便是多一分進步的機會，這才是最踏實的功夫呀！

7 知「道」不知「道」，似「佛」不是「佛」

每個人，都認爲自己有一套眞理，有一套理論，認爲自己都很高明，悟了道。這一種心理狀況，「奚必知代而心自取者有之？」他的這個道理啊，不需要另外拿一個邏輯或思辨的方法，來研究替代。總而言之，統而言之，都是你自己心理作用，「而心自取者」。這是觀點上面的自取，構成了一套理論，構成了一套哲學。下面一句話，整個的分數給你打零分。「愚者與有焉」，愈笨的人，認爲自己的理論高明，愈認爲自己對。

自以爲聰明的人，都喜歡亂玩弄自己的聰明，所以聰明反被聰明誤。笨人吃虧在哪

裡啊？一個曉得玩弄自己的笨，所以更笨。

聰明的人玩弄自己的聰明，所以也笨。那麼這些人爲什麼笨？「勞神明爲一而不知其同也」，都是把自己的精神和聰明，向一點上鑽。

人要想出人頭地，的確需要適當表現自己的能力，讓他人看到你的卓越之處。但許多心高氣傲的人往往陷入這樣的誤區，那就是總認爲自己很高明，處處表現自己，不知什麼是收斂，結果往往在競爭中輸得莫名其妙。

其實，表現自己並沒錯。在現代社會，充分發揮自己潛能，表現出自己的才能和優勢，是適應挑戰的必然選擇。但是，表現自己要分場合、分方式，使人看上去矯揉造作，很是彆扭，好像是做樣子給別人看似的。特別是在衆人面前，只有你一個人表現得特殊、積極，往往會被人認爲是故意造作，推銷自己，常常得不償失。

在工作中，往往有許多人掌握不好熱忱和刻意表現之間的界限。不少人總把一腔熱忱的行爲演繹得看上去是故意裝出來的，也就是說，這些人學會的是表現自己，而不是眞正的熱忱。眞正的熱忱絕不會讓他人以爲你是在刻意表現自己，也不會讓同事反感。

有人說：「自我表現是人類天性中最主要的因素。」人類喜歡表現自己就像孔雀喜歡炫耀美麗羽毛一樣正常。但刻意的自我表現就會使熱忱變得虛僞，自然變得做作，最終的效果還不如不表現。

許多人在其談話中不論是否以自己爲主題，總有突顯自己的表現。這種人雖說可能被人高估爲「具有辯才」，但是也可能被認爲是「口無遮攔顯得輕浮」或經常想要「引人注目」等，暴露出其自我顯示欲的否定面，常使別人產生排斥感和不快情緒。

善於自我表現的人常常既「表現」了自己，又未露聲色。他們與同事進行交談時多用「我們」而很少用「我」，因爲後者給人以距離感，而前者則使人覺得較親切。要知道「我們」這個字眼，代表著「你也參加的意味」，往往使人產生一種「參與感」，還會在不知不覺中把意見相異的人劃爲同一立場，並按照自己的意圖影響他人。

善於自我表現的人從來杜絕說話帶「嗯」、「哦」、「啊」等停頓的習慣，這些語氣詞可能被看作對開誠佈公還有猶豫，也可能讓人覺得是一種敷衍、傲慢的官僚習氣，而令人反感。

眞正的展示教養與才華的自我表現絕對無可厚非，只有刻意地自我表現才是最愚蠢的。卡耐基曾指出，如果我們只是要在別人面前表現自己，使別人對我們感興趣的話，我們將永遠不會有許多眞實而誠摯的朋友。

法國哲學家羅西法古有句名言：「如果你要得到仇人，就表現得比你的朋友優越吧；如果你要得到朋友，就讓你的朋友表現得比你優越。」

被別人比下去是件令人惱恨的事情，所以要是你的上司被你超過，這對你來說不僅

是蠢事，甚至於產生致命後果。在運氣、性格和氣質方面被別人超過，大多數的人並不太介意，但是卻沒有一個人（尤其是領導人）喜歡在智力上被人超過。因爲智力是人格特徵之王，冒犯了它無異於犯下彌天大罪。當領導的總是要顯示出在一切重大的事情上都比其他人高明。

君王喜歡有人輔佐，卻不喜歡被人超過。

如果你想向某人提出忠告，你應該顯得你只是在提醒他某種他本來就知道不過偶然忘掉的東西，而不是某種要靠你解謎釋惑才能明白的東西，此中奧妙亦可從天上群星中悟得：儘管星星都有光明，卻不敢比月亮更亮。

第六章

以佛心修忍辱心

——忍是洞天，辱為福地

1 佛性能忍，能忍是佛

首先我們來了解佛學忍辱的意思，看到一個「辱」字，我們會想到受人侮辱叫做辱。譬如別人罵你，打你，各種不如意的刺激，算是辱，這是從文字上的了解。在佛法上講，一切不如意就是辱，受一切痛苦就是辱。譬如我們老了病了，老、病就是辱。

淨空法師說：「能忍的人才能精進。」廣欽法師說：「什麼事都能忍得下來才能進步。」堅忍的最高境界是「忍辱如大地」。《大乘無量壽經・菩薩修持第三十》：「忍辱如地，一切平等。清淨如水，洗諸塵垢。」修煉到像大地一樣什麼都能承受，消化於無聲無臭、有形無形之中，那「堅忍」也就變爲「無忍」了。

忍辱就是忍耐，無論做什麼事情，都要有耐心。當年翻經的法師，看到中國人有一種倔強的個性。在古書上常常記載著：「士（讀書人）可殺不可辱。」談到忍，什麼都可以忍，連殺頭也沒有關係，都可以忍，只有侮辱不可以忍；因此，翻經法師就將這一名詞翻作忍辱。辱都能忍，那還有什麼不能忍的呢！所以忍辱是專對中國人倔強的個性翻的，它原來的字義只是「忍耐」，沒有辱的意思，其用意是告訴我們小事情要有小的

耐心，大事情要有大的耐心。金剛經上告訴我們：「一切法得成於忍。」沒有忍耐，什麼事情都不能成就。以讀書求學而言，念大學四年，就得忍四年，不能夠忍耐四年，就畢不了業。由此可知，一個人沒有耐心，無論他條件多好，也是一事無成。因爲成功永遠屬於有耐心、有毅力的人；所以耐心是成功非常重要的一個條件。

「忍辱」是佛教的第四度波羅蜜（梵語，渡到彼岸）。忍辱又分三種：一曰生忍，即要忍受外人對我的無禮相加；二曰法忍，即福德雙修永不生厭倦之心；三曰無生法忍，即忍知不生不滅的眞法性。

我們先談生忍。生忍就是人生遇到不公平、不公正、無禮相加的事是不可避免的，不足爲怪，更不必憤憤不平，積怨生恨。

再談「法忍」。它的含義是爲了追求眞理，得到眞諦，可以修持淨戒，排除一切外界的誘惑和習慣的干擾。人在經歷了低谷期的震盪整理之後，會逐漸理出一條前行的思路來。一旦認準了出路，就要特立獨行，我行我素，以堅忍之心力始終貫徹之，絕不能半途而廢和反覆折騰。

忍辱的第三種「無生法忍」，就是要超越時間，超越空間來看待榮辱，在清除一切怨憎，也吃透一切解脫辦法的眞諦之後回歸人類清淨自然的本性。

我們平常與別人發生爭執，常常怪罪別人，總認爲別人不對，忍不下去。從佛教的

觀點看，我們應該檢討自己，不應到別人身上找原因。宣化上人教導我們：「眞認自己錯，莫論他人非；他非即我非，同體名大悲。」這個是我們做人做事、修行必須遵守的準則。我們修行就是修正自己的錯誤的言行，不是去修正別人的錯誤。一件事即使別人完全錯了，我們也應該檢討、懺悔自己的業障。星雲大師有那麼大的福報，與他待人處世那種寬闊的心胸很有關係。他經常教導弟子，在待人處世上就四個字——你對我錯。

還有一種人，明明是自己錯，也不願意認錯。他認爲這樣有損自己的威信。這是錯誤的。因爲眞正有威信的人並不怕認錯。若眞正能認錯，威信才會更高，上面說的那位禪師處理那件事並沒有損傷他的臉面，相反，他的形象更偉大，大家對他更加尊敬。因爲他的所作所爲是爲了保護他人，他做了很大的功德，感動了別人，教化了後人。他的威信並沒有受損失。

一個能忍受侮辱的人，必定是一個胸懷坦蕩、毅力堅強的人。放眼世界，古往今來，很多偉人都曾遭受過嘲諷、侮辱，他們都忍了下來。

若將人生比爲一棵樹，那麼能夠忍辱的心靈就是樹的根本，若要生命之樹繁榮茂盛，就一定要有一顆忍辱的心。

若把人生比爲一條溪，那麼能夠忍辱的心靈就是溪的源頭，若要生命之水長流不止，就一定要有一顆忍辱的心。

若將人生比爲一朵花，那麼能夠忍辱的心靈就是花的根基，若要生命之花永開不敗，就一定要有一顆忍辱的心。

因此，讓我們都擁有一顆忍辱的心，忍一時風平浪靜，忍一時雲散天開，忍一時天朗氣清。退一步，便會海闊天空。

學會忍辱，你會找到一片廣闊的天空。

2 面壁破壁，斷臂求法

莊子用右師的故事來說明，每個人都有獨立生命的價值，人活著要有獨立不可拔的精神。而眞正的生命價值就要效法天然，超越樊籠之外，自己要有打破環境的能力，創造自然的生命。一隻腳的人也頂天立地活在世上，「天上地下，唯我獨尊」，絕不受外形、外界的影響。

比爾．蓋茨說，不同的時代有不同的英雄，現代各個不同的行業也有屬於自己的英雄。這些人有一個本質上的相似之處，就是都有種堅忍不拔、不服輸、不認命的精神。

人在做自己的人生設計時，經常會遇到理想和現實的碰撞，這時更要不服輸、不認命。正如大師所言——人活著要有獨立不可拔的精神。

二〇〇六年六月十九日上午，北京人民大會堂。當一輛火星車般的輪椅駛上臺來，原本有些躁動的會場上頓時鴉雀無聲。緊接著，學生們像突然醒過神來了似的，一下子湧向前臺。史蒂芬．霍金！這位只能通過眨眼和眼光的移動與外界交流的物理學大師，這位靠語音合成器一分鐘說五、六個單詞的重度殘疾患者，憑一本薄薄的《時間簡史》征服了全世界三千萬讀者。

霍金從小便被人們認定是與眾不同的。大概九歲時，他就斷定自己能成為一名科學家。然而，天妒英才。進劍橋攻讀天體物理學碩士的第二年，剛剛二十一歲的霍金被診斷患了肌萎縮性脊髓側索硬化症，這種不治之症的結果除了癱瘓，就是死亡。

面對厄運，霍金沒有被命運打倒，而是憑著一股獻身科學的精神，在科學的征途上契而不捨。成為了在引力物理領域繼愛因斯坦後最偉大的理論物理學家。

霍金的人生又一次無與爭辯地告訴我們：人是需要一點獨立不可拔的精神的。因為有了這種精神，人的奮鬥才有了一種原動力。在風雨人生的坎坷征途，才有了不被困難打倒的支柱。才有了在科學的道路上勇攀高峰攻堅克難的毅力。

人是需要一點精神的。精神不頹廢，人的意志就不會薄弱；精神不錯亂，人的思想就不會蛻變；精神不丟失，人就會總有站起來的那一天。

人是需要一點精神的。有了精神，人的生活有了目標；朝著目標奔去，不會迷失方向。有了精神，人的行爲有了準則；依照準則辦事，做人就不會出現偏差。有了精神，人的意志就會堅強，不會因爲風花雪月，而喪失前進的動力，不會因爲困難重重，而沒有克服和戰勝的勇氣。

諾貝爾文學獎得主海明威說過：人可以被消滅，但不能被打倒。還有詩人說過：有的人死了，但他還活著。有的人活著，但他已經死了。人死了，只是軀體的消失，而精神可以不朽。如果一個人的精神被腐蝕，被打倒，被摧毀，即使活著，也是行屍走肉。

霍金的軀體雖殘，但他的學術思想，使他的殘缺變成一種震撼人心的美麗。他的人生、他在科學領域的成就，使他成爲天地間一種永恆的風景，讓人們讀到一種生命的意義：人是需要獨立不可拔的精神的。

不知道你觀察過沒有，即便是成功者和大人物，他們的事業也往往是以挫折和失敗爲開場白的，而且即便日後獲得了成功之後，還會經常碰到挫折，這一點與一般人對功成名就的成功者的理解並不相同。甚至可以說，挫折和愈挫愈勇的挑戰，自始至終地伴隨著大人物們的一生。即便像美國總統林肯那樣偉大的人，雖然最後贏得了整個戰爭的勝利，但是在南北戰爭的第一仗中也面臨慘敗。而且，當林肯在總統任上發表了著名的、具有劃時代意義的《解放宣言》的時候，這個事實上是如此英明和偉大的宣言，卻在當時激起了整個美國社會的劇烈反應，攻訐者不但來自他的政敵，甚至還出現在他的支持者中，騷亂不時在各地蔓延。然而，爲了讓世人看清他是一個怎樣的領袖，林肯絕不屈服。面對日復一日巨大的挫折和壓力，林肯以他的堅忍不拔，證明了他想要證明的一切。

至於在美國歷史上備受尊崇的國父喬治・華盛頓，在美國獨立戰爭中也幾乎是每戰必敗。至於石油大亨洛克菲勒在追求自己事業巔峰的過程中，他的標準石油公司也曾經成爲衆矢之的，洛克菲勒本人也遭受了巨大的輿論壓力和批評。然而，正如一位美國歷史學家所說的那樣：「洛克菲勒不是一個簡單的人，一個普通人若是被輿論攻擊得遍體鱗傷，勢必深感受挫，並會崩潰瓦解，然而他卻好像沒事一般，仍深深埋頭於他的壟斷夢想之中。正由於他有常人無法理解的幻想及堅忍不拔的鬥志，所以他不會因受挫折便一蹶不振。在他心中沒有任何東西能成爲他達到目標的障礙。」

正因爲人生之路不會一帆風順，所以，如果不具備良好的心理素質、堅韌的意志，一遇挫折就垂頭喪氣、一蹶不振，那麼，在成功的道路上是走不遠的。宋代大文豪蘇軾說：「古之成大事者，不唯有超世之才，亦必有堅韌不拔之志。」只有具有處變不驚的良好心理素質，和愈挫愈強的頑強意志，才能在人生的道路上自強不息、競爭進取、頑強拼搏，才能從小到大，從無到有，闖出屬於自己的一番事業。

3 金剛非堅，菩提願立

每個人喜好不同，偏愛不同。每個人有所好的，這也是機啊！要把握自己這個長處，專搞這一項，沒有不成功的。所以任何學問，任何事情，愛之者不如好之者，好到什麼程度呢？入迷了，好到發瘋似的，一定成功；因爲世界上外在的一切東西，都不在話下，都不在心目中，這個就是人的成功之路。

一個人存乎天地之間，應當是一個有定性、定力的人，不能因境遇而變遷。當外界熱烈得像熊熊大火可以熔化金石時，我可以清風穆然。當外界清冷得像嚴冬的霜雪凍死萬物時，我可以像春風和氣藹然。

當外界的混濁空氣遮蓋天空時，我可以穿雲破霧慧日朗然。當外界的風浪排山倒海時，我可以砥柱屹然。這才是我們要修持的宇宙間的眞人品。

有志氣的人發一次願，終身堅持；沒志氣的人天天發願，朝三暮四。不論學什麼和做什麼，都必須有專一的目標，不應當三心二意，只有這樣才能不斷進步。否則，就容易半途而廢，一事無成。

有一個青年名叫光藏，未學佛前，一心想成為佛像雕刻家，故特別去拜訪東雲禪師，希望禪師能指點一些佛像的常識，使其在雕刻方面有所成就。

東雲禪師見了他以後，一言不發地只叫他去井邊汲水。當東雲看到光藏汲水的動作以後，突然間開口大罵，並趕他離開。因為時近黃昏，其他弟子看到這種情形，頗為同情，就要求師父留光藏在寺中住一宿，讓他明天再走。

到了三更半夜，他被叫醒，去見東雲禪師，禪師以溫和的口氣對他說：「也許你不知道我昨天傍晚罵你的原因，但我現在告訴你，佛像是被人膜拜的，所以對被參拜的佛像，雕刻的人要有虔誠的心，才能雕塑出莊嚴的佛像。白天我看你汲水時，水都溢出桶外，雖是少量的水，但那都是福德因緣所賜與的，而你卻毫不在乎。像這樣不知惜福且輕易浪費的人，怎麼能夠雕刻佛像？」

光藏對此訓示，頗為感動而欽敬不已，並且在深加反省後，終於入門為弟子，對佛像的雕刻，其技藝也獨樹一幟！

對被參拜的佛像，雕刻的人要有虔誠的心，才能雕塑出莊嚴的佛像。虔誠的心就是敬業精神，豈單指刻佛像？無論做什麼，都應該有虔誠的心，兢兢業業。

古人云：「事無難易，唯心堅忍可成矣。所謂金剛非堅，願力唯堅。」在向自己的目標進軍時。要抵抗住各種紛繁世事的誘惑，拋棄那些會妨礙自己的因素。堅定信念不動搖。同時，一旦知道了自己的所爲與目標相悖，便要立刻改正。入迷了，好到發瘋似的，一定成功；因爲世界上外在的一切東西，都不在話下，都不在心目中，這個就是人成功之路。這是最大程度地實現自我價值的不二法門。這就是大師所告訴我們的做人做事的眞理。

4 信念是佛，強勇通神

聖人胸懷，對於社會國家，是「明知其不可爲而爲之」，雖然知道挽救不了，可是他硬要挽救，做了多少算多少。孔子所以爲聖，就在這裏。明知道這個人救不起來，我盡我的心力去救他，救得了多少算多少，這是孔子之聖。

明知不可爲而爲之，其必是有勇氣、有志氣、有抱負、有目標的人。

《孫子兵法》有云：「降則必敗，戰則勝二一，走則難勝。」當兩方交戰之際，敵強我弱，而又非戰不可，則明知必敗而要戰，也非無可勝之機。昔日項羽破釜沉舟不死不歸的勇氣，一舉擊潰秦國軍隊的主力，項羽面對軍隊比自己多達幾十倍的秦軍，以直上雲天的勇氣將其擊敗。論勇氣誰敢與他爭鋒！

蒲松齡七十多歲還欲進京考試，但是還是不中。其心懷救萬民於苦難的志向，終不被朝廷所用，以至後來「退而論書策，以舒其憤」。蒲松齡面對一次有一次的名落孫山，明知朝廷不會用他，卻還欲去應試。可謂眞乃有志之人也！

「看天下滿街狼犬，幾人能過成眷屬」。林覺民走上新民主主義革命之路，一心懷有救民之情感，面對北洋軍閥的強力抵制，他毅然爲革命出力獻策，雖然在此過程之中被捕，然其救國救民的抱負是一個個地傳播開了。不可不謂有抱負之士！

明知不可爲而爲之，迎著困難一步步地向前邁進，雖然失敗了，但是也無愧於心，至死無憾，世上好漢還不是同樣雲集。死或重於泰山，或輕於鴻毛。

人生短短數十年光陰，而沒有些勇氣、志向、抱負、目標，怎麼去幹一番大事，那豈不是白白在世間走一遭？

明知不可爲而爲之，傾盡畢生之力而爲之，莫待老年空悲歎。孰不知瀟灑亦是眞英

雄！執著方能在人生道路上走到底，盡顯人生價值！

明知不可爲而爲之，雖敗猶榮！

5 不度八十一劫，難取西天經

一個人要有始有終，就是孔子講過的，「久要不忘平生之言」。我們有時候慷慨答應一件事，說一句話很容易，不能過了幾天，把自己原先講那句話的動機忘了。所以孔子說，一個人經過長久的時間，不忘平生之言，講的話一定做到，有始有終，能做到的話，就是了不起的人了。

一個人在千軍萬馬的戰場上，忘掉了生死去拼命，博得成功而成名那還算容易。但是，在人生的途程上，零割細刮地慢慢走，有時眞受不了，會有恐懼之感。在這個時候能夠不恐懼、不憂愁、不煩惱，有始有終，就是了不起的人。

人做不好事不是你的做事能力差，而是你沒有認認眞眞把事情做到最後，如果你能一心一意做事並堅持到最後，你就一定會把事情做成。

邱吉爾應邀要參加一次演講會，他為了取得講演成功，在會前他認真地做準備工作，反覆背誦講稿，自己進行演講練習，恐怕到時候出醜，被別人恥笑。

經過精心準備，邱吉爾如期參加了演講會，他一進入演講會場就非常緊張，他的心跳加速，滿臉冒出了汗珠。按照會議安排，該他上臺演講了，他走上講臺給台下人鞠了個躬，然後開始演講，沒講幾句話，因為太緊張，他把已經背好了的講稿全忘了，當時腦子裏一片空白，急得他滿臉通紅，他無法挽回這種尷尬局面，只好自己離開講臺，回到自己原來的座位上，放棄了演講機會，講演會繼續往下進行。

邱吉爾回到家裏非常生氣寢食難安，他為自己第一次演講失敗而感到羞愧，他把這次的講演失敗，當成自己終生的奇恥大辱。他第一次登臺演講儘管失敗了，他不僅沒有得到台下聽眾的熱烈掌聲，而且一雙雙羞辱的目光一起射在他的身上。自從那次演講失敗以後，他並沒有氣餒和灰心，他把那次演講出醜的事，當成他學習演講的動力。他自己尋找機會演講，他在講演過程中，不再擬稿而是盡興發揮演講，通過幾次講演收到的效果一次比一次好。

一九四〇年，邱吉爾當選為英國首相，他的脫稿就職講話博得了台下一陣又一陣的掌聲，人們都為他精彩的演講喝彩。在反法西斯戰鬥中，他精闢的演講振奮了英國軍民的士氣，英國、蘇聯、美等幾個國家一起戰勝了法西斯希特勒。

邱吉爾在反法西斯的鬥爭中，做出了傑出的貢獻，後來成了民族英雄、偉大的政治家、演講家。他的名字和他的功績一起載入了英國發展的史冊，他不畏強暴的精神至今還鼓著英國人民。

由此可見，眞的是世上無難事，只怕有心人。也正像陳毅元帥所說的：「年難過年難過年年難過年年過，事難成事難成事事難成事事成。」

6 百煉成金，苦修成佛

爲了教導懶惰的小和尚，老師父給徒弟講了這樣一則寓言故事——

池塘無所事事，開始與身旁的河流攀談起來。

池塘對河流說：「無論什麼時候抬眼望你，你總是在奔流不息。這是怎麼回事啊？難道你不感覺到勞累嗎？而且我隨時都會看到，有時你拖著沉重的貨船，有時你運送著長長的木筏，至於你運載的小艇和舢板，更是多得無法統計呀！這種生活你要到幾時才

會厭棄呢？說真的，要是我，我會苦悶得死去！跟你相比，我的命運要好得多。當然，我沒有什麼名氣，不像你在地圖上蜿蜒了整整一頁，也沒有哪個歌手彈著琴把我頌揚。可是老實講，這一切毫無實際意義！我躺在岸邊柔軟的淤泥上，像貴婦人躺在羽毛褥墊上一般無憂無慮，享受這寧靜和安逸。我不僅不用擔心貨船或木排的侵擾，甚至不知道一條舢板有多少重量！如果發生意外，最多是一陣輕風吹落幾片樹葉，在我的水面上輕輕飄蕩。八面來風，我都能紋絲不動，靜觀著塵世的忙碌，思考生活的哲理。這樣優閒自在的生活哪裡去找啊？」

河流回答道：「既然你在思考生活哲理，那你是否記得流水不腐的規律？如果說我還算得上是一條大河，那是因為我放棄了安逸，遵循這個規律奔流不息。我年復一年，用源源不斷的清水為人民服務，從而也贏得了尊敬和榮耀。也許我還會奔流很久很久，而那時你將不復存在，被人們完全忘記。」

果然，多年以後，河流仍川流不息；而可憐的池塘則一年不如一年，先是長滿密密的水藻和浮萍，最後竟完全乾涸、消失了。

孟子說：舜從田野中崛起，傳說從築牆的工作中被提舉，膠鬲曾是魚鹽販子，管仲從監獄走向飛黃騰達，孫叔敖從海邊被提舉出來，百里奚曾淪落於買賣市場。所以，上天要把重責委託給某人，一定是要先使他的心意苦惱、筋骨勞頓、腸胃饑餓、身體窮困，使他的每一行爲都不能如意。而後才能知道「生於憂患，死於安樂」的人生眞理。

長在岩石間的樹，總是特別蒼勁；沙漠裏的種子，遇到一點兒水分就能快速萌發；極地的苔蘚，可以經歷長期的乾燥寒冷依然存活。不平凡的遭遇常能造就不平凡的人生。順利的境遇，優越的地位、富足的資財、舒適的生活，似乎應該是個人、家庭以至民族發展的有利條件。但歷史和現實的經驗卻一再告訴我們：從來紈袴少偉男。在中國五千年的文明史上，我們看到名門望族走馬燈般地替換，家運五代不衰便成爲治家有方的美談。滿清的八旗子弟就是最好的例子，這個馬背上的民族曾是驍勇剽悍的，但成了統治階層後，不過幾代，八旗子弟就沉醉於安樂享受之中，清朝的滅亡也隨之來臨。

歷史上有這麼一個不變的定律——當一個國家國事達到極盛、最富庶繁榮時，也是將由盛轉衰的時候。一個強盛的國家，當人民皆過著幸福安逸的生活時，士兵們也會因沒有敵人來攻打而鬆懈下來，不再督促自己，強壯兵力。於是習慣舒適日子的國家，必定是打不過時常訓練自己的國家了。我們人也是一樣，要時常激勵自己，讓自己習慣吃苦，才能應變未來將可能發生的任何事。

艱苦和磨難才能鍛鍊人的堅強意志，激發人的進取精神。安樂富足的生活條件反而容易瓦解人的鬥志、腐蝕人的思想，即而頹廢乃至滅亡。一個成功的人往往是需要經過

磨鍊的；一個失敗的人由於常身處安逸中，就像溫室的花朵，一旦放到溫室外，就會禁不起風吹雨打而枯萎凋零。

艱苦、憂患可以使人自強不息，奮鬥不已；安逸享受容易叫人滿足現狀，頹廢喪志。「生於憂患，死於安樂」這句古訓，是對滄桑人生富有哲理的深刻認識，是對歷朝歷代興盛衰敗的經驗總結，是提醒我們居安思危的警世名言。雖然人不能非得生於憂患死於憂患，也不能有了優越就忘記磨難，享受安樂就不思憂患。請不要忘記「禍兮福所倚，福兮禍所伏」，就如我現在這樣只知道整天享清福，就沒有意識到有病禍所伏。也就是說無論我們擁有多麼富足和平安的生活條件，無論我們處於多麼困苦和艱難的生活環境，都要具有憂患意識。

「不知常，妄作凶」，醉生夢死，盲目人生，那將是沒有好結果的。沒有憂患的人生，一定是一種平庸無為的人生；沒有憂患意識的社會一定是一個理想喪失、精神癱瘓的社會；憂患意識是人類所必須具備的基本心理素質。

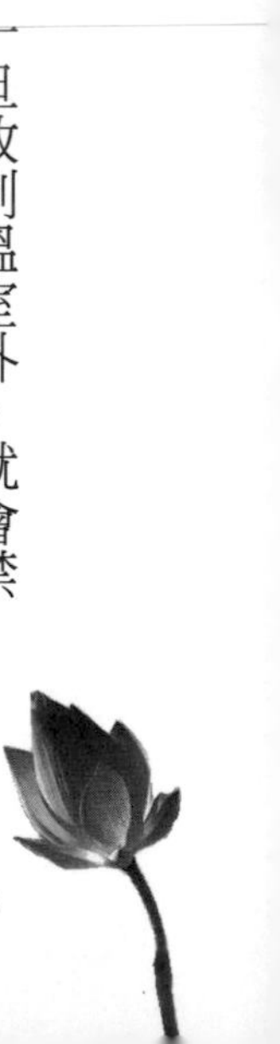

7 有所不為，有所必為

世界上至少有一半以上的人處於身心背離狀態，他們總是被迫做自己不喜歡的事，被迫說自己不喜歡說的話，他們也不喜歡自己的待遇和他人的評價，卻不得不接受。所以他們的心靈背負著沉重的壓力，對生活、對他人充滿了抱怨。但是一個人一生中一定要勉強自己做幾件他不願做的事，他的生命才有意義。這也就是「有所不爲，有所必爲」的意思。

做好自己該做的事，這是人生的眞諦。只有做好自己該做的事，人活著才有價值，這樣的人生才是幸福的人生；只要做好了自己該做的事，人活著就有意義。

有人常問人一生是爲什麼而活，答案很簡單就兩個字「責任」。有人常問人一生什麼是該做的，答案就是承擔你的責任。什麼是責任？大家所熟悉的英國王子查理斯對此曾有過一個通俗的解釋，他說：「責任就是那些你不願做，卻不得不去做的事。」他的這個說法道出了責任的一個重要特徵，那就是責任的義務性。

人世間的事，有兩個大戒，孔子上面也講，一個是認命，一個是義所當爲。這個認

命，是認天命，做應該做的事，明知道這一條命要賠進去，爲國家爲天下，乃至宗教家說爲救人救世，像耶穌被釘十字架，文天祥被殺頭等等；他們都很坦然，這是「迫不得已」，命之所在，義之所在，不得已而爲之。

能帶給自己以及別人幸福的事我們永遠都不該逃避。當一個人明白自己的責任的時候，就會想著去多做一些該做的事，而當他明白自己做的事能給自己以及別人幸福的時候，就會變得愈加勇敢……

責任不是給予，不是欺騙，不是勉強，不是義務。它發自內心，來於肺腑，源於眞實，行於思想。可是，在很多人眼裏，責任是一種負擔。這歪曲了責任的意義，也就褻瀆了自己的生活。

當虛無的意識與眞實的世界碰撞時，生命的矛盾便產生了。《虎說》中描述的人類「無爪牙之利，無筋骨之強」，但人類卻有著興世的壯烈之舉。這兒說的大概就是一種生命的責任吧，即要在得到父母贈與的生命的同時需要付出的東西。

生命的責任繫在我們的身上，如同一根無形的臍帶將我們與自己生活的圈子聯繫在一起。自私地結束自己的痛苦卻給別人帶來心碎，或是無私地忍受生命的不公而給旁人帶來寬慰，這就是不同的生命境界吧。

生命中的有些東西沒有了，還可以期待，還可以回憶，但最重要的是不要丟掉了自

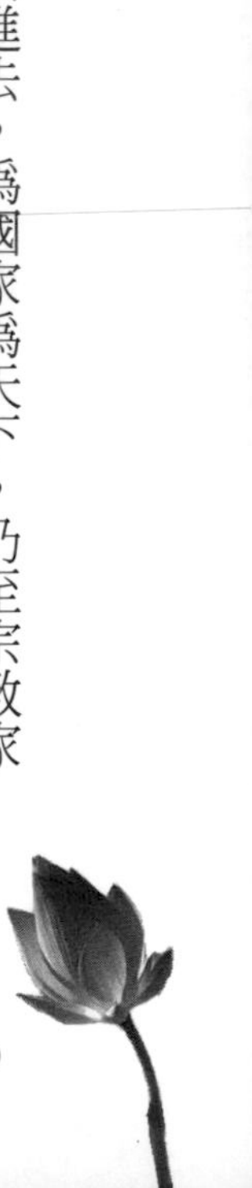

己關於人生的夢想，不要丟掉了自己對生命的責任。

一個人活著並不是只爲了自己，這世界上有很多人都是爲了別人而活著的，如果你已經擔起了一副擔子，就不要隨便放下去。

有人會問：我確實不喜歡自己的工作，又找不到喜歡的工作；我確實不喜歡身邊的人，又遇不到喜歡的人；我確實不滿意自己的待遇，又得不到喜歡的待遇，怎麼辦？辦法只有一個，改變自己的心態，聽從大師的智慧——認天命，做應該做的事。那麼如何改變心態？請看下面例子——

有一次，英國遊客傑克到美國觀光，導遊說西雅圖有個很特殊的魚市場，在那裏買魚是一種享受。遊客們聽了，都覺得好奇。那天，天氣不是很好，但傑克發現市場並非魚腥味刺鼻，迎面而來的是魚販們歡快的笑聲。他們面帶笑容，像合作無間的棒球隊員，讓冰凍的魚像棒球一樣，在空中飛來飛去，大家互相唱著：「啊，五條鯉魚飛到明尼蘇達去了。」「八隻蜂蟹飛到了堪薩斯。」這是多麼和諧的生活啊！傑克問那位魚販：「你們為什麼這樣開心呢？」

魚販說，幾年前，這個魚市場也是一個沒有生氣的地方，大家整天抱怨，對什麼都不滿意。後來，大家認為與其每天抱怨沉重的工作，不如改變工作的品質。於是，我們

不再為錢做生意，而是把賣魚當成一種藝術。再後來，一個創意接著一個創意，一串笑聲接著另一串笑聲。魚販還說，大家練久了，人人身手不凡，可以和馬戲團演員相媲美。這種工作的氣氛還影響了附近的上班族，他們常到這兒來和魚販用餐，感染他們樂於工作的好心情。有不少沒有辦法提升員工士氣的主管還專程跑到這裏取經：「為什麼整天在這個充滿魚腥味的地方做辛苦工作，你們竟然還這麼快樂？」他們得到的回答是：實際上，並不是生活虧待了我們，而是我們祈求太高以至忽略了生活本身。

有時候，魚販們還會邀請顧客參加接魚遊戲。即使怕魚腥味的人，也很樂意在熱情的掌聲中一試再試，意猶未盡。每個愁眉不展的人進了這個魚市場，都會笑顏逐開地離開，手中當然還會提滿情不自禁買下的海產品。

這個故事告訴我們：不是生活眞的糟糕到需要抱怨，而是我們對生活的企求太高；不是工作眞的無聊到需要討厭，而是我們沒有把它當作一件有趣的事來做。一個不打算滿意的人，誰也沒辦法讓他眞的滿意，只有轉變自己的心態，心靈才會變得快樂起來。

8 為一大事來，做一大事去

爲什麼一個人對歷史沒有貢獻呢？即「所存於己者未定」，他的人生觀沒有確定。一個人的人生觀確定以後，富貴貧窮都沒有關係，有地位無地位，有飯吃無飯吃，有錢無錢都一樣，人生自然有自我存在的價值。

人生觀、信念、信仰，說的是一件事，也就是「人生天地間，各自有稟賦，爲一大事來，做一大事去」的一件事。

從來到這個世界上起，我們都希望得到他人的注意、承認和尊重，都希望比別人過得好。可是，不管我們願不願意承認，我們總是有那麼多的遺憾和不滿。

人的一生，會有許多不同的處境，不同的處境面臨不同的選擇，不同的選擇會導致不同的人生結局，而決定選擇的主要力量則源自不同的人生觀。

人的一生不應該以活得多長作爲價值的惟一指標，更重要的是它的生活品質，死了以後讓人懷念的人才有眞正的價值。

大千世界，人海茫茫：有的人活著，卻被人們遺忘，甚至唾棄；有的人死了，卻仍

然活在人們的心中。有的人活得樂觀、充實、積極、向上；有的人活得頹喪、空虛、消極、沉淪。這使我們想起某位哲人的話：人的壽命是個常數，而人的價值則是個變數。

人，最寶貴的是自己的生命，因爲生命對自己而言，實在是太稀缺了，只有一次。不論王公貴族，還是下里巴人，不論企業大亨，還是小小上班族，在生命面前，沒有輕重之別，亦無貴賤之分。但是，生命卻像一條船，只是一種形式，一種工具，它的內容和裝載的貨物卻是可以千差萬別的。生命的本質就是生命現象存續的長短。因此，生命需要用時間去證明，有的人證明了生命的偉大，有的人證明了生命的存在，有的人證明了生命的罪惡。如此看來，區別就在於人生觀。

人生價值不能以你職務和社會地位來衡量，只要對他人和社會有積極意義，就是在實現自己的人生價值，平凡中體現出偉大。

人生觀是人們的精神支柱。

說到人生觀，不能不提到價值觀，因爲價值觀是人生觀的核心內容。一個人活在世上，把別人的幸福和快樂作爲自己的責任和義務，作爲自己活著的價值，他的人生觀就是高尚的，他的人生也是偉大的；如果把自己的享樂作爲人生的價值去追逐，去聚斂巨額的財富，貪圖僭位的權貴，雖然他也會有成就感、滿足感，但是，那種感覺是狹隘的、低級的，甚至是陰暗的和齷齪的。因此，幸福，分享了才有意義。

愛因斯坦說過：「一個人的價值，應該看他貢獻什麼，而不應該看他取得什麼。」人生觀是什麼？人生觀就是「人生爲一大事來」，作家畢淑敏說，人生本來是沒有價值的，人生的價值在於你用終身的努力來爲它定義，只有做自己能做的事才能眞正地實現自我。

〈全書終〉

國家圖書館出版品預行編目資料

斷捨離心海羅盤／林郁主編－初版－新北市：
新潮社文化事業有限公司，2023.01
冊；　公分
ISBN 978-986-316-853-9（平裝）
1. CST：人生哲學　2. CST：生活指導

192.1　　111017372

斷捨離 心海羅盤

主　　編　林郁
原　　著　吳光遠、葉舟
企　　劃　天蠍座文創製作
出　　版　新潮社文化事業有限公司
電話 02-8666-5711
傳真 02-8666-5833
E-mail：service@xcsbook.com.tw

印前作業　東豪印刷事業有限公司
印刷作業　福霖印刷有限公司

總 經 銷　創智文化有限公司
新北市土城區忠承路 89 號 6F（永寧科技園區）
電話 02-2268-3489
傳真 02-2269-6560

初　　版　2023 年 01 月